**Mit der S-Bahn
zu 50 Radltouren**

Alle Touren beginnen und enden an einem S-Bahnhof. Neue, übersichtliche Darstellung auf gegenüberliegenden Seiten. Ideal für die Fahrradtasche.

Radeln rund um München

26 familienfreundliche Touren sind auch für Kinder leicht zu bewältigen. Außerdem Hinweise auf Sehenswertes und Gasthäuser.

KOMPASS

RADWANDERFÜHRER

2. überarbeitete Auflage 2008
ISBN 978-3-85491-457-0
Verlagsnummer 1959

Text, digitale Kartographie
und Fotografie
Ralf Enke
Eschenstraße 78
85716 Unterschleißheim
Fon 0049-(0)89.30727878

Gestaltung und Fotografie
Büro Willi Beck
Oskar-von-Miller-Straße 5a
85221 Dachau
Fon 0049-(0)8131.606029

Linolschnitt
des niederländischen Künstlers Duncan
zum Thema Rad fahren

Wichtige Informationen zu Radführer und Tourübersichten!

Alle Angaben und Routenbeschreibungen wurden nach bestem Wissen gemäß unserer derzeitigen Informationslage erarbeitet. Die Tourverläufe wurden sorgfältig beschrieben. Schwierigkeiten werden im Text kurz angegeben.
Es können jedoch Änderungen am Wegzustand eintreten. Radfahrer/Radwanderer und alle Benützer des Radführers müssen darauf achten, dass aufgrund ständiger Veränderungen die Wegzustände bezüglich Befahrbarkeit und Namen sich nicht mit den Angaben in den Tourenkarten und im Text decken müssen. Bei der Fülle des bearbeiteten Materials sind daher vereinzelte Fehler und Unstimmigkeiten nicht vermeidbar. Die Verwendung dieses Führers erfolgt ausschließlich auf eigenes Risiko und auf eigene Gefahr, somit eigenverantwortlich. Eine Haftung für etwaige Unfälle und Schäden jeder Art wird daher nicht übernommen.

Für Berichtigungen und Verbesserungsvorschläge ist die Redaktion stets dankbar.
Korrekturhinweise bitte an den Autor Ralf Enke oder an:

KOMPASS-Karten GmbH
Kaplanstraße 2
6063 Rum/Innsbruck
Österreich
Fon 0043(0)512/265561-0
Fax 0043(0)512/265561-8
e-mail kompass@kompass.at
http://www.kompass.at

Ralf Enke
Autor und Kartograph

Als ich in Berlin 1951 geboren wurde, war unsere Hauptstadt durch die Mauer noch geteilt und eingeschlossen. Vielleicht auch deswegen fuhren meine Eltern mit meiner Schwester und mir in den Sommerurlauben in die österreichischen Berge. So kam ich zum Wandern, zum Radeln und zur Vorliebe für die Natur. Das Fach Erdkunde in der Schule inspirierte mich schließlich zum Studium der Kartographie. Ich studierte in Berlin und legte 1973 mein Examen als Diplomingenieur für Landkartentechnik ab.
Danach verschlug es mich ins Schwäbische nach Stuttgart, wo ich bei Mairs Geographischem Verlag mein erstes Geld verdiente und ich das Musterländle, die Leute und die Sprache schätzen lernte. Auf der Schwäbischen Alb wandern, im Remstal die Weine und im Schwarzwald die deftigen Mahlzeiten genießen; es war eine schöne Zeit. Auch oder trotz der Ölkrise, den Fahrverboten mit dem Auto und der ersten erlebten Wirtschaftsflaute. Und da war noch der Motorsport, wo ich erfolgreich Slalom und Rallye gefahren bin.
Nach exakt 20 Jahren führte mich mein Beruf nach München, wo ich über das Kartographische Institut Fleischmann zu meiner jetzigen selbständigen Berufsausübung kam. So bin ich den Alpen wieder ein Stück näher gekommen.
Wandern dort und Radeln in der abwechslungsreichen Umgebung Münchens, alles das kann man zwar alleine machen, aber mit der Familie macht es mehr Spaß. Und daran möge auch der Benutzer dieses Radlführers teilhaben.

Willi Beck
Grafiker

Jahrgang 1951. Schwabe und Stier. Nach der Lehre als Schriftsetzer, Studium an der Fachhochschule für Gestaltung in Schwäbisch Gmünd. Abschluss mit Diplom am 7. 7. 77 im Fachbereich Visuelle Kommunikation.
Seit September 1977 in Bayern zu Hause. Gründung eines eigenen Büros für visuelle Kommunikation am 1. April 1984. 2003 zurück zu den Wurzeln, Einrichtung einer Buchdruckwerkstatt mit Bleisatz als Ausgleich zur täglichen Arbeit im eigenen Grafikbüro.
Früh gefördert wurde der Spaß am Radeln durch die sonntäglichen Touren durch das schwäbische Fils- und Remstal. Heute sind Biergärten der schöne Abschluss einer Radltour.

Erklärungen

Die Seiten 6 bis 13 präsentieren Ihnen die Übersichtskarten mit den 50 Radltouren rund um München.

In der Tourenübersicht auf den Seiten 14 bis 18 sind die familienfreundlichen Touren mit einem Smilie gekennzeichnet.

Hinweise zur Mitnahme von Fahrräder in der S- und U-Bahn finden Sie auf Seite 19.

Die MVV-Streckenkarte auf den Seiten 124 und 125 hilft bei der Planung der Touren

Nummer und Titel der Tour

Farbcode mit Liniennummer der S-Bahn

Tourverlauf

Kurzbeschreibung der Tour

Tourkarte mit der Tournummer und S-Bahnhöfen

Kurzdaten zur Tour

Streckenabschnitte mit Kilometerangaben seit dem Tourenbeginn

Hinweise auf Gasthäuser

Sehenswertes und Wissenswertes

Streckenbeschreibung mit allen notwendigen Richtungsänderungen

Fotos der Tour

S5 **26 Zu den Mönchen nach Andechs**

Weßling - Frieding - Andechs - Herrsching - Hechendorf - Steinebach - Weßling

Länge: 36,3 km
Höhendifferenz: 168 m
Dauer: ca. 3 Stunden

Tourencharakter:
Von Weßling radeln wir auf den Höhenzug hinauf, der den Starnberger See und den Ammersee trennt, auf 702 m. Über Andechs geht es hinunter an den Ammersee auf 534 m. Durch das Herrschinger Moos, am Pilsensee entlang, queren wir den Höhenzug zum Wörthsee und fahren zurück an den Weßlinger See.
Eine abwechslungsreiche Seentour, die auch Kondition fordert.

S-Bahnhof Weßling	Die Radtour beginnt an der Bushaltestelle in der Bahnhofstr. am S-Bahnhof. Wir fahren rechts zur Hauptstr., überqueren sie und radeln durch das Mariengassl zum Weßlinger See. Jetzt geht es rechts weiter im Seeweg, dann im Uferweg und „Am Karpfenwinkel" um den
3,9 **Hochstadt**	See herum, bis zu den Tennisplätzen und fahren dann rechts die Ettenhofer Str. bis vor zur Straße nach Hochstadt. Nun links durchs Ettenhofer Holz geht es bis kurz vor Hochstadt. Rechts ab, führt der Weg im Krontal durch den Wildpark „Altinger Buchet" bis zum Espe-
8,7 **Unering**	platz bei Oberalting (Gewerbepark). Links nehmen wir die Straße nach Unering. Hier halten wir uns rechts in
12,4 **Frieding**	den Ort und radeln rechts auf der Andechser Str. nach Drößling und weiter nach Frieding. Hier biegen wir links ab in die Hartstr. Richtung Rothenfeld. Am Waldrand
17,6 **Andechs**	in der Kurve rechts, folgen wir dem Weg nach Andechs. Wir erreichen Andechs im Zuge des Landeskulturellen Lehrpfades, nehmen den Birkenmoosweg und stoßen auf den St.-Elisabeth-Weg am Friedhof. Nun geht es zu Fuß bergauf zum Kloster und zur Klosterbrauerei. Nach Herrsching radeln wir rechts auf der Seefelder Str.
22,8 **Herrsching**	bis vor zur Kreisstraße. Hier halten wir uns links und rollen nach Herrsching an den Ammersee hinunter. Von der Luitpoldstr. in der Ortsmitte, radeln wir geradeaus in die Bahnhofstr. und dann an der Kirche St. Nikolaus

70

Gasthäuser
Weßling:
Café am See, Hauptstr. 59
Hotel zur Post, Hauptstr. 34
Hotel Seehof, Seeweg 4
Unering:
Gasthof Schreyegg, Andechser Str. 2
Drößling:
Schützenheim La Fattoria, Höhenbergstr. 10
Andechs:
Klostergasthof Andechs, Bergstr. 9
Herrsching:
Gasthof Zur Post, Andechser Str. 1
Steinebach:
Steinebacher's, Bahnhofstr. 2

Sehenswertes
Der heilige Berg in Andechs
Die Geschichte des Klosters reicht bis ins 10. Jahrhundert zurück.
Der Überlieferung nach ließ ein Ahnherr des Andechser Fürstengeschlechts, der selige Rasso, Reliquien, die er im Heiligen Land erworben hatte, in der Kapelle der Burg von Andechs lagern. Der im Laufe der Zeit ständig vermehrte Reliquienschatz, darunter die „Heiligen Drei Hostien", legte den Grundstein für Andechs als einen der berühmtesten deutschen Wallfahrtsorte.

Am Weßlinger See startet und endet die Tour, die an drei weiteren Seen vorbeiführt.

	rechts in die Rieder Str. ein. Vor der S-Bahnlinie
28,0 **Hechendorf**	nehmen wir rechts den Weg entlang der Bahnlinie, am Herrschinger Moos vorbei, nach Hechendorf. Wir erreichen Hechendorf auf der Seestr. am Pilsensee. An der Seefelder Str. radeln wir links durch die S-Bahnunterführung bergauf, bis rechts die Günteringer Str.
31,5 **Steinebach**	abzweigt. Hier biegen wir ein und nehmen dann links den Steinebacher Weg nach Steinebach. Gleich nach den ersten Häusern kommt von rechts die Kiebitzstr. Wir stoßen auf die Auinger Str., folgen ihr nach rechts, überqueren die Haupstr. halblinks zur Bahnhofstr. und fahren, am S-Bahnhof Steinebach vorbei, entlang den Gleisen. Im Wald nehmen wir rechts die Unterführung der Bahn, gleich wieder links und nun entlang der Bahn erreichen wir den Steinebacher Weg in Weßling. Vor der Straßenbrücke folgen wir links dem
36,3 **S-Bahnhof Weßling**	Meilinger Weg zur Walchstadter Str., fahren links, gleich wieder rechts in die Schulstr. und weiter bis zur Bahnhofstr. und zum S-Bahnhof Weßling.

71

Ein paar Worte zur Landschaft, zu ihrer Entstehung und zur Geschichte.

München und seine reizvolle wie auch interessante Umgebung bieten dem, der mit dem Rad unterwegs ist, abwechslungsreiche Eindrücke. Im Norden breiten sich die Moose über die Schotterebene aus, die östlich und westlich vom Hügelland der Endmoränen gerahmt werden. Die eiszeitlichen Schmelzwasserströme von Amper, Würm, Loisach und Isar führten ihr Wasser Richtung Norden und schütteten eine Hochterrasse aus Schotter flächenhaft auf. Fichtenwälder, Ackerland und Wiesenmoore prägen das Dachauer Moos und das Erdinger Moos. Das südlich an München grenzende Hügelland wird durch die Gletscherzungenbecken von Ammersee, Starnberger See und dem Wolfratshauser Becken unterbrochen. Die teilweise bewaldeten Hügel stehen im Wechsel mit der Grünlandwirtschaft. Die Schotterebene, zwischen München und Freising, Dachau und Erding gelegen, ist so ganz eben auch nicht. Der Höhenunterschied reicht immerhin von 450 m bis 550 m. Es radelt sich hier aber bedeutend leichter als im Hügelland. Schon größere Höhen müssen im Hügelland, von Altomünster im Westen über Holzkirchen im Süden nach Markt Schwaben im Osten, überwunden werden. Wie ein Hufeisen schließt es München und die Moose ein. Vom Ammersee, dem Starnberger See und den kleinen vorgelagerten Pilsensee und Wörthsee geht es von 550 m bis auf 750 m hinauf. Schon die Reichenhaller Salzlieferanten fuhren ihre Fracht lieber auf ebenen Straßen und mieden das Hügelland. Auf dem Weg nach Augsburg und Würzburg nutzten sie daher die Salzstraße durch die Moose und die Isarbrücke bei Oberföhring. Das freute die Bischöfe von Freising, die Brückenzoll auf die Waren erhoben und den Freisinger Bischofssitz und Hochstift, ein Staat im bayerischen Staat, zur Blütezeit brachten. Dies ärgerte den weltlichen Herrscher Heinrich den Löwen so sehr, dass er die Brücke zerstören ließ und den Isarübergang nach München verlegte. Wohl aus gutem Grunde musste er München nun befestigen und so gaben die Isar und die Handelsstraßen dem Grundriss Münchens ihr Signum bis heute.

München kam dank der günstigen Lage an den Handelsstraßen von Nord nach Süd und von Ost nach West zu Wohlstand. Die Herzöge von Bayern suchten Erholung und ihren Spaß nun auch in Oberschleißheim. Ende des 17. Jahrhunderts ließ Kurfürst Max Emanuel hier das Neue Schloss errichten. Das Material für den Schlossbau wurde auf dem neu angelegten und weit verzweigten Kanalsystem zwischen Amper, Würm und Isar transportiert. Zu dem konnte der im Moos gestochene Torf, ein gutes Heizmaterial, über die Isar bis nach München geschifft werden. Auch Dachau, an der Amper gelegen, eine im Schutz der Burg des Grafen von Scheyern entstandene Kaufmanns- und Handwerkersiedlung, profitierte vom Bau des Kanalsystems und vom Umbau der Burg zum Renaissanceschloss und zur Barockresidenz Max Emanuels. Im Laufe der letzten 200 Jahre veränderte sich das Moos. Der Siedlungsdruck ins Münchener Umland ließ die wenigen Einzelgehöfte wie die Waldschwaige, Rothschwaige oder Moosschwaige unbedeutender werden, und der Kiesabbau für den Autobahnbau führte zur weiteren Trockenlegung der Moose. Doch die dabei entstandenen Seen setzten neue attraktive Akzente in die Landschaft.

Radtouren im Dachauer Hügelland, an der Amper, am Ammersee, am Starnberger See und der Isar südlich von München.

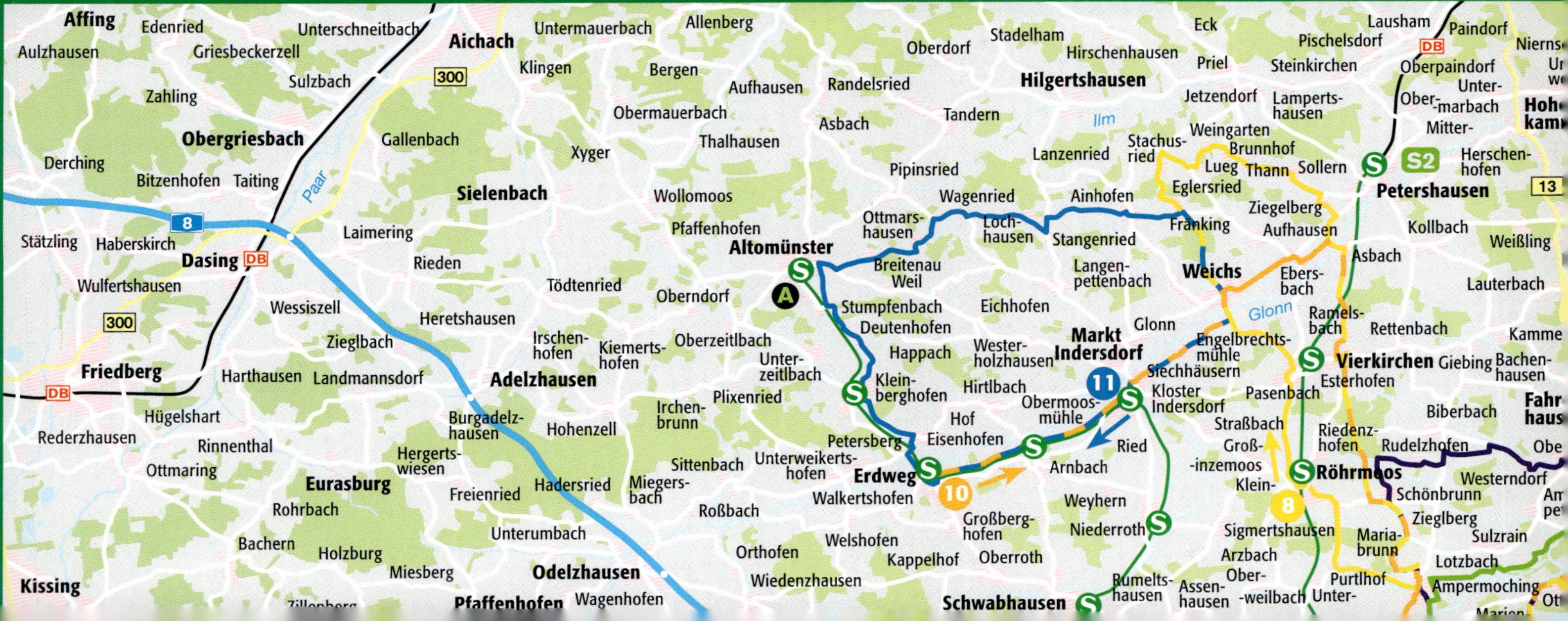

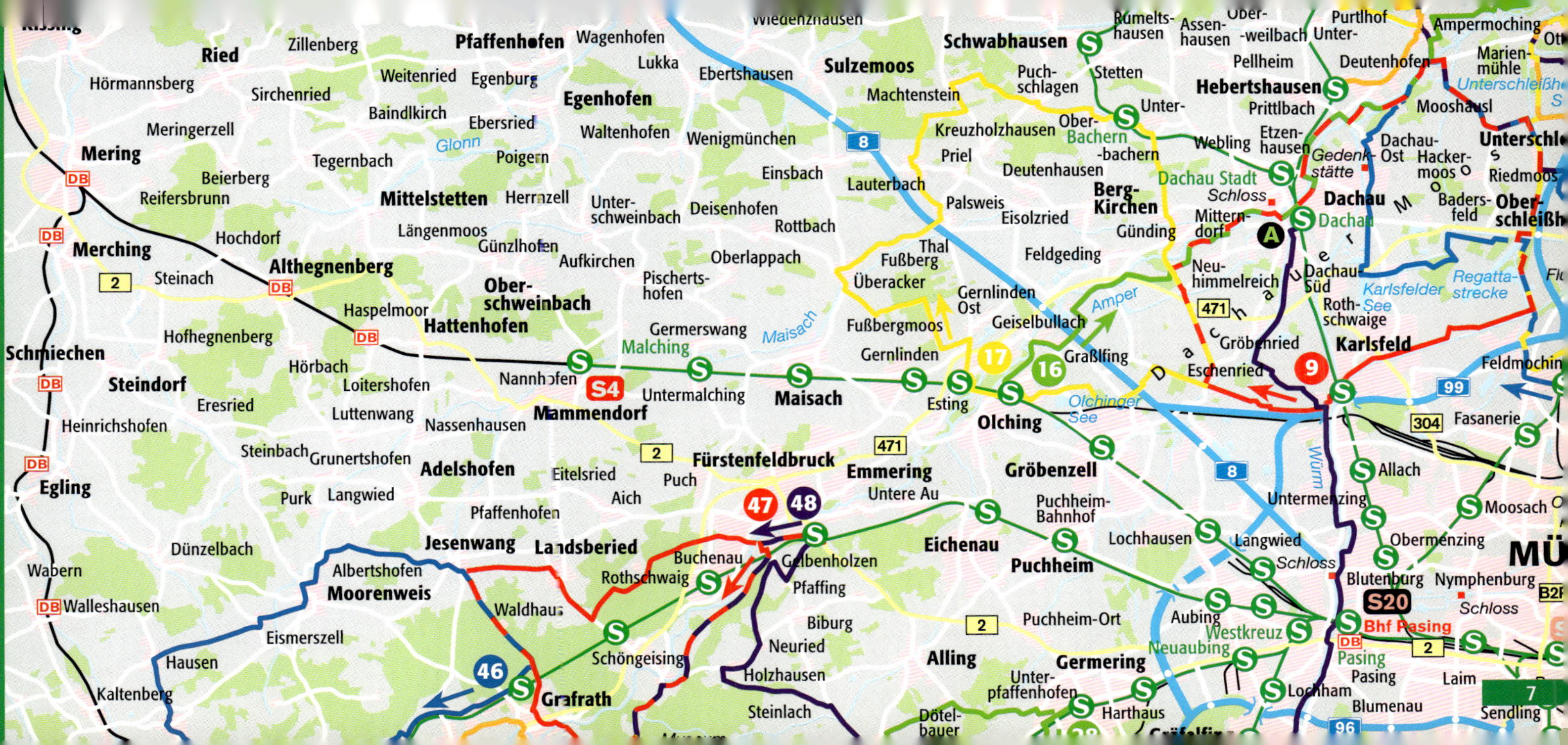
Ried
Zillenberg
Pfaffenhofen
Wagenhofen
Lukka
Ebertshausen
Sulzemoos
Schwabhausen
Rumelts-hausen
Assen-hausen
Ober--weilbach
Unter-
Purtlhof
Ampermoching
Hörmannsberg
Sirchenried
Weitenried
Egenburg
Egenhofen
Machtenstein
Puch-schlagen
Stetten
Pellheim
Deutenhofen
Marien-mühle
Hebertshausen
Unterschleißheim
Mooshäusl
Meringerzell
Baindlkirch
Ebersried
Glonn
Waltenhofen
Wenigmünchen
Kreuzholzhausen
Ober-
Bachern
Unter-
-bachern
Prittlbach
Webling
Etzen-hausen
Dachau-Ost
Hacker-moos
Mering
Tegernbach
Poigern
Einsbach
Priel
Deutenhausen
Dachau Stadt
Gedenk-stätte
Riedmoos
Beierberg
Reifersbrunn
Mittelstetten
Herrnzell
Unter-schweinbach
Deisenhofen
Lauterbach
Palsweis
Eisolzried
Berg-Kirchen
Schloss
Dachau
Baders-feld
Ober-schleißheim
Merching
Hochdorf
Längenmoos
Günzlhofen
Rottbach
Günding
Mittern-dorf
Aufkirchen
Oberlappach
Thal
Fußberg
Feldgeding
Neu-himmelreich
Dachau Süd
Karlsfelder See
Regatta-strecke
Steinach
Althegnenberg
Ober-schweinbach
Pischerts-hofen
Überacker
Gernlinden Ost
Amper
Roth-schwaige
Haspelmoor
Hattenhofen
Germerswang
Maisach
Fußbergmoos
Geiselbullach
Gröbenried
Hofhegnenberg
Malching
Karlsfeld
Schmiechen
Gernlinden
Graßlfing
Hörbach
Loitershofen
Nannhofen
Steindorf
Eschenried
Feldmoching
Eresried
Luttenwang
Untermalching
Maisach
Esting
Olchinger See
Olching
Fasanerie
Heinrichshofen
Nassenhausen
Mammendorf
Steinbach
Grunertshofen
Fürstenfeldbruck
Emmering
Gröbenzell
Allach
Egling
Adelshofen
Eitelsried
Puch
Untere Au
Puchheim-Bahnhof
Würm
Untermenzing
Purk
Langwied
Aich
Moosach
Pfaffenhofen
Lochhausen
Langwied
Obermenzing
Dünzelbach
Jesenwang
Landsberied
Buchenau
Gelbenholzen
Eichenau
Schloss
Albertshofen
Puchheim
Blutenburg
Nymphenburg
Wabern
Moorenweis
Rothschwaig
Pfaffing
Schloss
Walleshausen
Waldhaus
Biburg
Puchheim-Ort
Aubing
Bhf Pasing
Eismerszell
Westkreuz
Neuried
Neuaubing
Pasing
Hausen
Schöngeising
Alling
Germering
Pasing
Laim
Holzhausen
Unter-pfaffenhofen
Lochham
Kaltenberg
Grafrath
Blumenau
Steinlach
Harthaus
Sendling
Dötel-bauer
DB
S4
S20
A
2
8
9
16
17
46
47
48
96
99
304
471

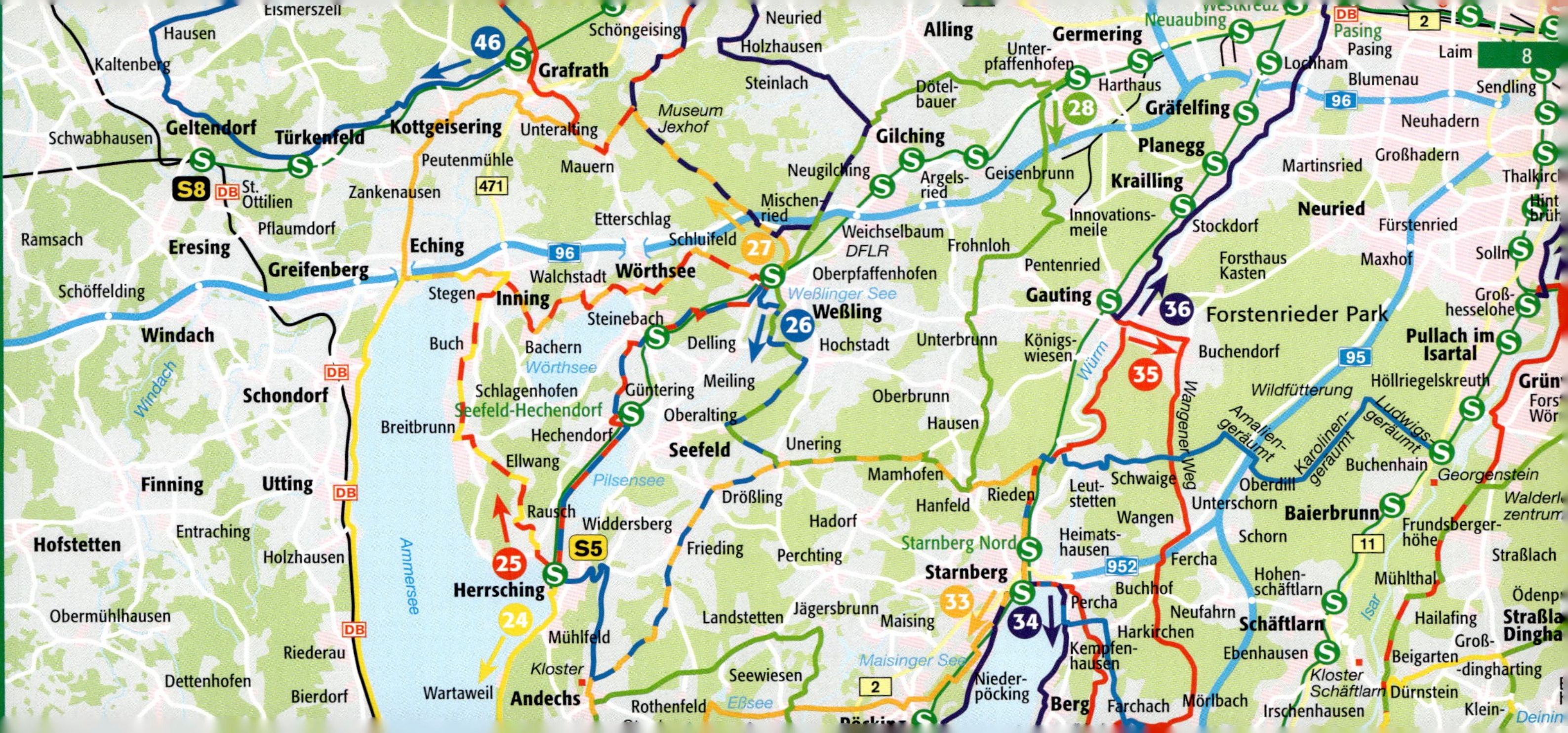
Eismerszell
Hausen
Kaltenberg
Schwabhausen
Geltendorf
Türkenfeld
Kottgeisering
Grafrath
Schöngeising
Unteralting
Peutenmühle
Mauern
Zankenausen
471
S8
DB
St. Ottilien
Pflaumdorf
Ramsach
Eresing
Greifenberg
Eching
Etterschlag
Schluifeld
Walchstadt
Wörthsee
96
Schöffelding
Stegen
Inning
Steinebach
Windach
Buch
Bachern
Wörthsee
Schlagenhofen
Seefeld-Hechendorf
Hechendorf
Breitbrunn
Ellwang
Schondorf
Windach
Finning
Utting
Entraching
Holzhausen
Hofstetten
Rausch
Widdersberg
Pilsensee
S5
25
Herrsching
Ammersee
24
Obermühlhausen
Riederau
Dettenhofen
Bierdorf
Mühlfeld
Kloster
Wartaweil
Andechs
46
Neuried
Holzhausen
Steinlach
Museum Jexhof
Alling
Dötel-bauer
Gilching
Neugilching
Argels-ried
Geisenbrunn
Mischen-ried
27
Weichselbaum
DFLR
Frohnloh
Oberpfaffenhofen
Weßlinger See
26
Weßling
Delling
Hochstadt
Unterbrunn
Meiling
Güntering
Oberalting
Oberbrunn
Seefeld
Hausen
Unering
Mamhofen
Drößling
Hanfeld
Rieden
Hadorf
Frieding
Perchting
Starnberg Nord
Starnberg
Landstetten
Jägersbrunn
Maising
33
Maisinger See
Seewiesen
2
Rothenfeld
Eßsee
Pöcking
Germering
Unter-pfaffenhofen
Harthaus
28
Neuaubing
Westkreuz
Pasing
Pasing
Lochham
Laim
8
Blumenau
Sendling
Gräfelfing
96
Neuhadern
Planegg
Großhadern
Martinsried
Krailling
Thalkirch
Innovations-meile
Stockdorf
Neuried
Fürstenried
Hint brüh
Pentenried
Forsthaus Kasten
Maxhof
Solln
Gauting
36
Forstenrieder Park
Groß-hesselohe
Königs-wiesen
Würm
Buchendorf
Pullach im Isartal
35
95
Wangener Weg
Wildfütterung
Höllriegelskreuth
Grün
Fors
Wör
Amalien-geräumt
Karolinen-geräumt
Ludwigs-geräumt
Leut-stetten
Schwaige
Oberdill
Buchenhain
Georgenstein
Unterschorn
Wangen
Baierbrunn
Walderl zentrum
Heimats-hausen
Schorn
Frundsberger-höhe
952
Fercha
11
Straßlach
Percha
Buchhof
Hohen-schäftlarn
Mühlthal
Ödenp
34
Neufahrn
Schäftlarn
Hailafing
Straßla Dingha
Harkirchen
Kempfen-hausen
Isar
Ebenhausen
Groß-dingharting
Beigarten
Nieder-pöcking
Berg
Farchach
Mörlbach
Kloster Schäftlarn
Dürnstein
Irschenhausen
Klein-
Deinin

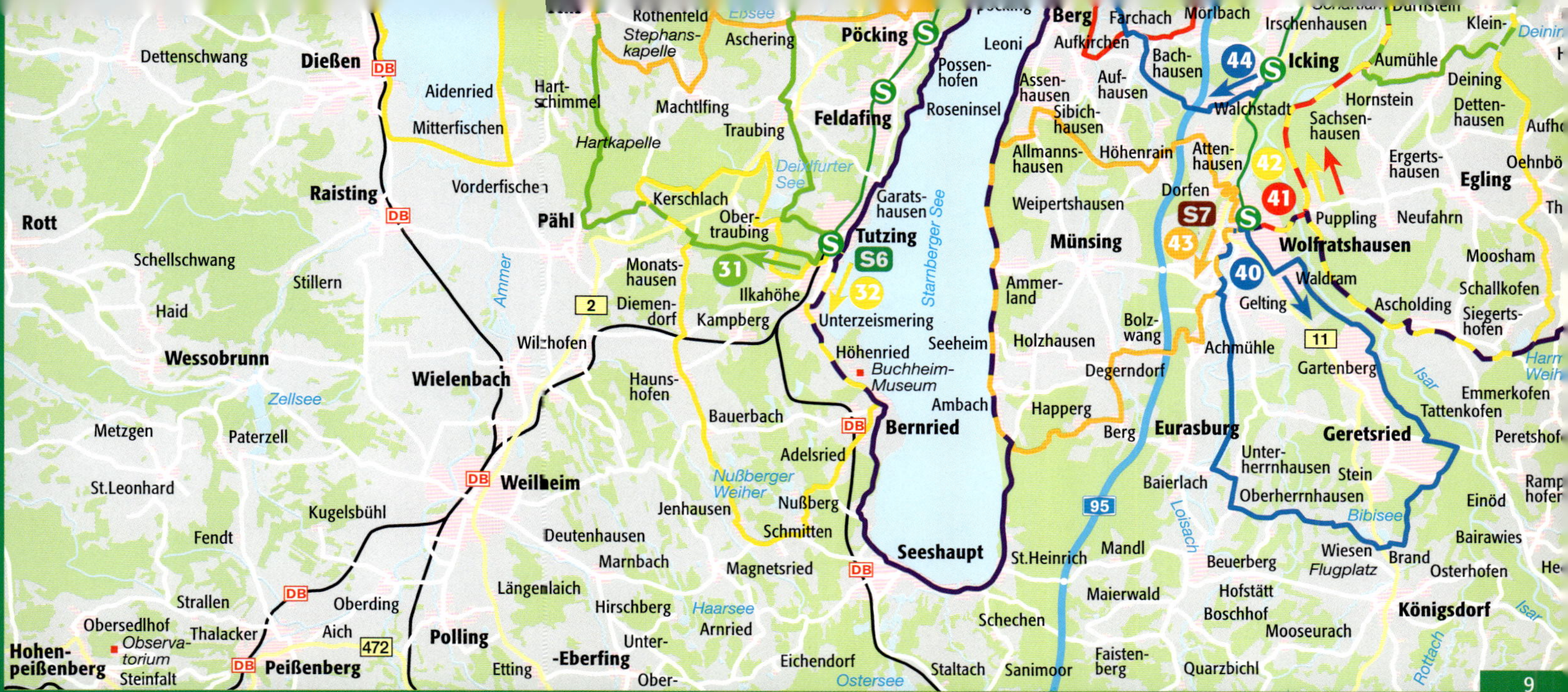
Dettenschwang
Dießen
DB
Aidenried
Mitterfischen
Raisting
Vorderfischen
Rott
Schellschwang
Stillern
Haid
Wessobrunn
Zellsee
Metzgen
Paterzell
St.Leonhard
Kugelsbühl
Fendt
Strallen
Obersedlhof
Thalacker
Hohen-
peißenberg
Observa-
torium
Steinfalt
Peißenberg
Aich
Oberding
472
Polling
Etting
Wielenbach
Weilheim
Deutenhausen
Marnbach
Längenlaich
Hirschberg
Unter-
-Eberfing
Ober-
Ammer
Pähl
2
Wilzhofen
Hart-
schimmel
Hartkapelle
Stephans-
kapelle
Rothenfeld
Aschering
Machtlfing
Traubing
Kerschlach
Ober-
traubing
Monats-
hausen
Diemen-
dorf
Kampberg
Ilkahöhe
31
32
Hauns-
hofen
Bauerbach
Adelsried
Nußberger
Weiher
Jenhausen
Nußberg
Schmitten
Magnetsried
Haarsee
Arnried
Eichendorf
Ostersee
Pöcking
Feldafing
Deixlfurter
See
Garats-
hausen
Tutzing
S6
Possen-
hofen
Roseninsel
Leoni
Starnberger See
Unterzeismering
Höhenried
Seeheim
Buchheim-
Museum
Ambach
Bernried
Seeshaupt
Staltach
Schechen
Sanimoor
Berg
Farchach
Mörlbach
Aufkirchen
Assen-
hausen
Auf-
hausen
Bach-
hausen
Sibich-
hausen
Allmanns-
hausen
Höhenrain
Weipertshausen
Münsing
Ammer-
land
Holzhausen
Bolz-
wang
Degerndorf
Happerg
Berg
Eurasburg
Baierlach
95
St.Heinrich
Mandl
Maierwald
Faisten-
berg
Loisach
Irschenhausen
Icking
44
Walchstadt
Atten-
hausen
Dorfen
S7
43
42
41
40
Hornstein
Sachsen-
hausen
Aumühle
Klein-
Deining
Detten-
hausen
Ergerts-
hausen
Egling
Oehnbö
Puppling
Neufahrn
Wolfratshausen
Waldram
Gelting
Moosham
Schallkofen
Ascholding
Siegerts-
hofen
Achmühle
11
Gartenberg
Isar
Emmerkofen
Tattenkofen
Geretsried
Peretshof
Unter-
herrnhausen
Stein
Oberherrnhausen
Bibisee
Einöd
Wiesen
Flugplatz
Brand
Bairawies
Osterhofen
Beuerberg
Hofstätt
Boschhof
Mooseurach
Königsdorf
Quarzbichl
Rottach

Radtouren an der Isar, im Dachauer Moos und Erdinger Moos und im Waldgürtel im Osten und Süden von München

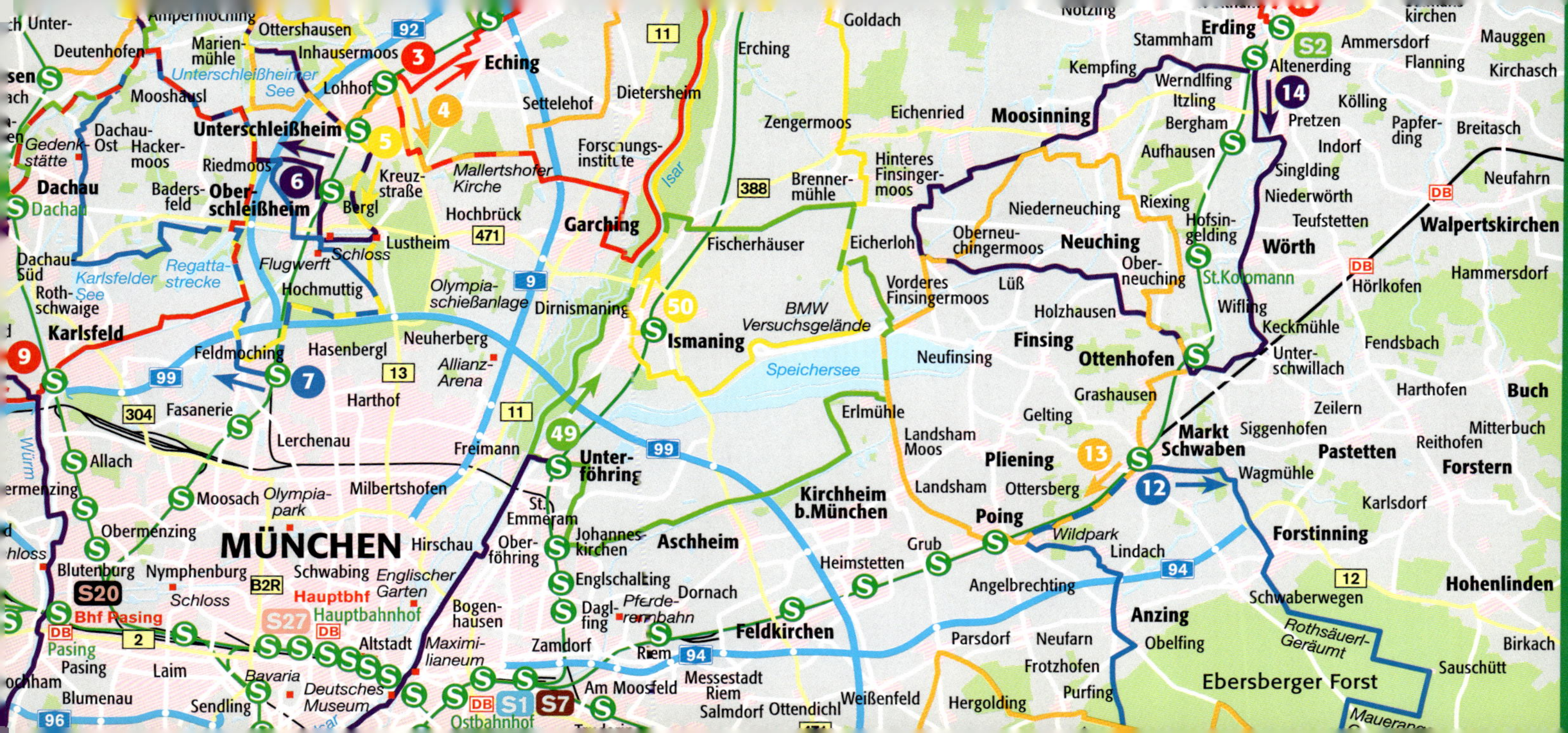

Unterschleißheim
Oberschleißheim
Dachau
Karlsfeld
Eching
Garching
Ismaning
Moosinning
Neuching
Erding
Wörth
Walpertskirchen
Finsing
Ottenhofen
Markt Schwaben
Pastetten
Forstern
Buch
Pliening
Poing
Kirchheim b.München
Aschheim
Feldkirchen
Anzing
Forstinning
Hohenlinden
MÜNCHEN
Unterföhring
Ebersberger Forst
Speichersee
BMW Versuchsgelände
Allianz-Arena
Olympia-park
Hauptbahnhof
Ostbahnhof
Bhf Pasing
Messestadt Riem
Isar
Würm

Pasing
Laim
Blumenau
Sendling
Neuhadern
Großhadern
Neuried
Fürstenried
Maxhof
Solln
Thalkirchen
Flaucher
Hinterbrühl
Tierpark
Harlaching
Isar
Deutsches Museum
Bavaria
Altstadt
Maximilianeum
Giesing
Ostbahnhof
Ramersdorf
Zamdorf
Riem
Feldkirchen
Messestadt Riem
Am Moosfeld
Trudering
Salmdorf
Ottendichl
Gronsdorf
Weißenfeld
Parsdorf
Neufarn
Frotzhofen
Hergolding
Purfing
Obelfing
Ebersberger Forst
Rothsäuerl-Geräumt
Sauschütt
Birkach
Mauerangeraumt
Hirsch-Geräumt
Wolfesing
Ingelsberg
Reitöster Geräumt
Hohenlindener Grenzgeräumt
Forsths. St.Hubertus
Forsths. Diana
Anzinger Siedlung
Halbing
Kraiß
Ludwigshöhe
Mailing
Gartenstadt Trudering
Waldtrudering
Eglfing
Vaterstetten
Haar
Baldham
Altperlach
Perlach
Stadelheim
Keferloh
Solalinden
Oedenstockach
Neukeferloh
Neuperlach
Waldperlach
Putzbrunn
Grasbrunn
Möschenfeld
Zorneding
Eglharting
Pöring
Kirchseeon
Töring-Geräumt
Egglburger See
Forstseeon
Egglsee
Asslkofen
Ebersberg
Obern-dorf
Fasangarten
Fasanenpark
Unterbiberg
Neubiberg
Riemerling
Mayrhäusl
Bavaria-Filmstadt
Unterhaching
Ottobrunn
Pullach im Isartal
Großhesselohe
Geiselgasteig
Grünwald
Forsths. Wörnbrunn
Höllriegelskreuth
Kugler Alm
Am Wald
Taufkirchen
Furth
Hohenbrunn
Wächterhof
Königsgeräumt
Höhenkirchener Forst
Harthausen
Wolfersberg
Buch
Fürmoosen
Osterseeon
Pötting
Reitgeising
Wiesham
Nettelkofen
Grafing
Grafing Bahnhof
Grafing Stadt
Taglaching
Falkenberg
Aich
Altenburg
Moosach
Pienzenau
Schammach
Pullenhofen
Dichau
Ober-
Unter-elkofen
Alxing
Straußdorf
Eisendorf
Buchenhain
Georgenstein
Baierbrunn
Walderlebniszentrum
Oberhaching
Potzham
Deisenhofen
Kirchstockach
Englwarting
Höhenkirchen-Siegertsbrunn
Tal
Niederpframmern
Oberpframmern
Steinsee
Niederseeon
Bruck
Wildenholzen
Hüttelkofen
Fundsbergerhöhe
Laufzorn
Straßlach
Mühlthal
Deisenhofener Forst
Brunnthal
Egmating
Schlacht
Adling
Obereichhofen
Lorenzenberg
Ödenpullach
Kreuzpullach
Kastenseeon
Kastenseeoner See
Zinneberg
Herrmannsdorf
Loitersdorf
Hailafing
Straßlach-Dingharting
Lanzenhaar
Otterloh
Dürrnhaar
Glonn
Großrohrsdorf
Dorfen
Aßling
Großdingharting
Beigarten
Oberbiberg
Sauerlach
Faistenhaar
Kreuz
Gailling
Hohenthann
Kloster Schäftlarn
Dürnstein
Ebertshausen
Gerblinghausen
St.-Anna-Kapelle
Hofolding
Aying
Lindach
Balkham
Berganger
Weng
Bolkam
Niclasreuth
Münster
Haslach
Baiern
Thal
Karolinengeräumt
Ludwigsgeräumt
S1
S7
S4
S20
S27
DB
2
94
96
95
99
8
995
11
13
304
471
18
19
20
21
22
23
29
30
37
45

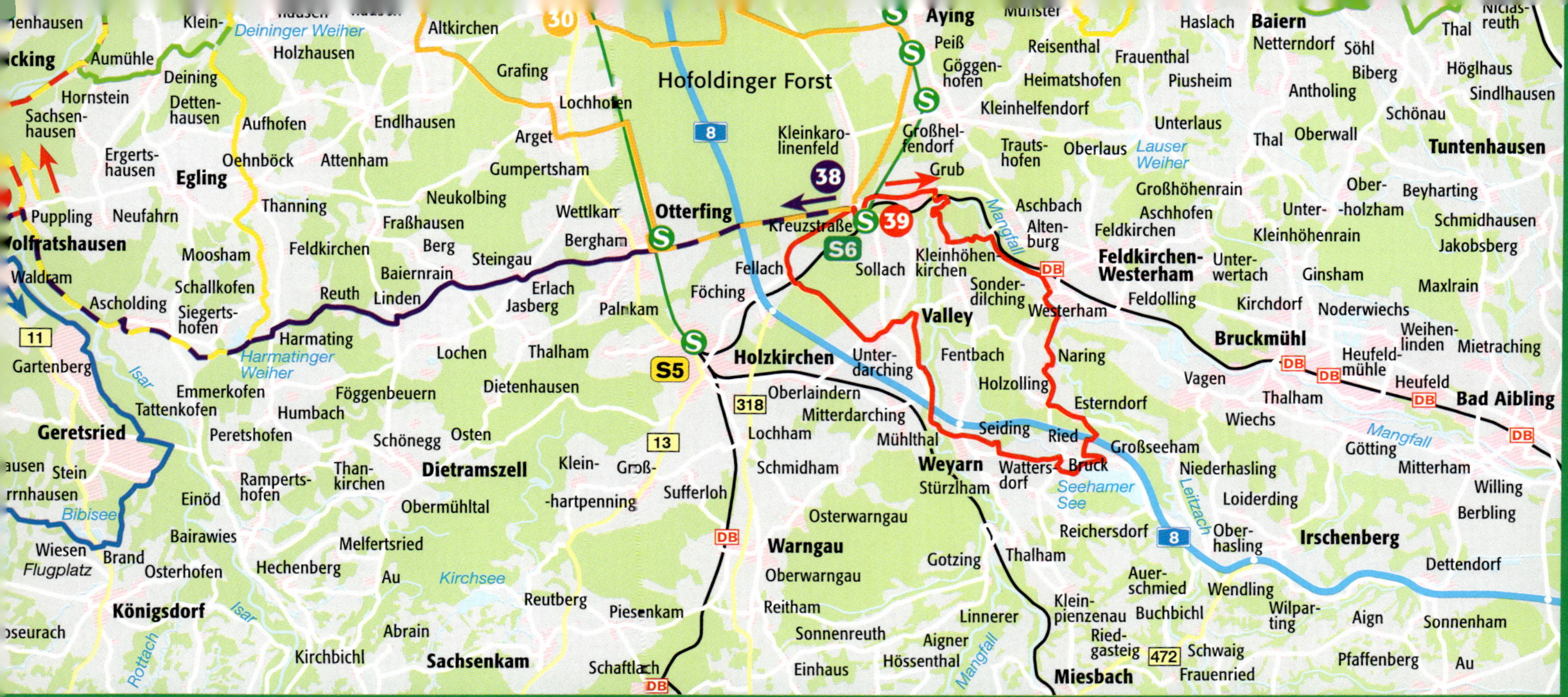
Klein-
Deininger Weiher
Altkirchen
30
Aying
Haslach
Baiern
Thal
Nicias-
reuth
Aumühle
Holzhausen
Peiß
Reisenthal
Netterndorf
Söhl
Grafing
Göggen-
hofen
Frauenthal
Biberg
Höglhaus
Deining
Hofoldinger Forst
Heimatshofen
Piusheim
Antholing
Sindlhausen
Hornstein
Detten-
hausen
Lochhofen
Kleinhelfendorf
Schönau
Sachsen-
hausen
Aufhofen
Endlhausen
8
Unterlaus
Arget
Kleinkaro-
linenfeld
Großhel-
fendorf
Thal
Oberwall
Trauts-
hofen
Oberlaus
Lauser
Weiher
Tuntenhausen
Ergerts-
hausen
Oehnböck
Attenham
Egling
Gumpertshaam
38
Grub
Großhöhenrain
Ober-
Beyharting
Thanning
Neukolbing
Aschbach
Aschhofen
Unter-
-holzham
Puppling
Neufahrn
Wettlkam
Otterfing
Schmidhausen
Fraßhausen
Kreuzstraße
39
Alten-
burg
Mangfall
Feldkirchen
Kleinhöhenrain
olfratshausen
Berg
Bergham
S6
Jakobsberg
Moosham
Feldkirchen
Sollach
Kleinhöhen-
kirchen
Feldkirchen-
Westerham
Unter-
wertach
Ginsham
Baiernrain
Steingau
Fellach
DB
Waldram
Schallkofen
Erlach
Sonder-
dilching
Maxlrain
Reuth
Linden
Jasberg
Föching
Ascholding
Siegerts-
hofen
Palnkam
Valley
Westerham
Feldolling
Kirchdorf
Noderwiechs
Harmating
Weihen-
linden
11
Bruckmühl
Mietraching
Lochen
Thalham
Holzkirchen
Unter-
darching
Fentbach
Naring
Heufeld-
mühle
Harmatinger
Weiher
Gartenberg
S5
Isar
Emmerkofen
Föggenbeuern
Dietenhausen
Holzolling
Vagen
Heufeld
Bad Aibling
Tattenkofen
Oberlaindern
318
Esterndorf
Thalham
Humbach
Mitterdarching
Wiechs
Mangfall
Geretsried
Peretshofen
Schönegg
Osten
13
Lochham
Seiding
Ried
Großseeham
Götting
Mühlthal
usen
Stein
Than-
kirchen
Dietramszell
Klein-
Groß-
Schmidham
Weyarn
Watters-
dorf
Bruck
Niederhasling
Mitterham
Ramperts-
hofen
Stürzlham
Willing
rrnhausen
Einöd
-hartpenning
Sufferloh
Seehamer
See
Loiderding
Bibisee
Obermühltal
Osterwarngau
Leitzach
Berbling
Bairawies
DB
Reichersdorf
8
Ober-
hasling
Irschenberg
Wiesen
Melfertsried
Warngau
Brand
Thalham
Flugplatz
Osterhofen
Hechenberg
Gotzing
Dettendorf
Au
Kirchsee
Oberwarngau
Auer-
schmied
Reutberg
Wendling
Königsdorf
Isar
Piesenkam
Reitham
Klein-
pienzenau
Buchbichl
Wilpar-
ting
Aign
Sonnenham
Linnerer
Abrain
Sonnenreuth
Aigner
Ried-
gasteig
Rottach
472
Schwaig
Pfaffenberg
Au
seurach
Kirchbichl
Sachsenkam
Schaftlach
Hössenthal
Mangfall
Miesbach
Einhaus
Frauenried
DB

Seite	Tour	Touren an der S8

Seite	Tour	Touren an der S8

Fahrradmitnahme in der S- und U-Bahn

Sie können Ihr Fahrrad in S- und U-Bahnen sowie in den freigegebenen Regionalzügen mitnehmen.
In Straßenbahnen und Bussen ist die Mitnahme von Fahrrädern generell nicht möglich.
Die Tandemmitnahme ist nur in der S-Bahn und in den freigegebenen Regionalzügen möglich.

Bitte folgende Sperrzeiten beachten:
Mo bis Fr: 6.00 bis 9.00 Uhr und von 16.00 bis 18.00 Uhr dürfen Fahrräder nicht mitgenommen werden. Während der Schulferien gilt nur die Sperrzeit am Vormittag.

Fahrradmitnahme Erwachsene

Erwachsene benötigen für die Mitnahme ihres Fahrrades eine zusätzliche Fahrkarte. Je nach dem, wie oft man das Fahrrad mitnehmen möchte, gibt es folgende Möglichkeiten:

Mitnahme für eine einzelne Fahrt	
Einzelfahrkarte 1 Zone	2,20 €
Streifenkarte 2 Streifen	2,00 €
Mitnahme für beliebig viele Fahrten an einem Tag	
Fahrrad-Tageskarte	2,50 €

Fahrradmitnahme U21-Angebot

Jugendliche von 15 - 20 Jahre
Benutzer des U21-Angebotes benötigen für die Mitnahme ihres Fahrrades eine zusätzliche Fahrkarte. Je nach dem, wie oft man das Fahrrad mitnehmen möchte, gibt es folgende Möglichkeiten:

Mitnahme für eine einzelne Fahrt	
Einzelfahrkarte 1 Zone	2,20 €
Streifenkarte 1 Streifen	1,00 €
Mitnahme für beliebig viele Fahrten an einem Tag	
Fahrrad-Tageskarte	2,50 €

Fahrradmitnahme Kinder (bis 14 Jahre)

Kinder benötigen für die Mitnahme ihres Fahrrades eine zusätzliche Fahrkarte. Je nach dem, wie oft sie das Fahrrad mitnehmen möchten, gibt es folgende Möglichkeiten:

Mitnahme für eine einzelne Fahrt	
Einzelfahrkarte	1,10 €
Kinderstreifenkarte 1 Streifen	0,90 €
Mitnahme für beliebig viele Fahrten an einem Tag	
Kinder-Tageskarte	2,10 €

1 Zu den exotischen Bäumen in den Kranzberger Forst

Freising - Achering - Giggenhausen - Kleinbachern - Thalhausen - Freising

Länge: 36 km
Höhendifferenz: 77 m
Dauer: ca. 2,5 Stunden

Tourencharakter:
Von Freising, 442 m, radeln wir die Isar aufwärts nach Achering. Über das Freisinger Moos geht es weiter an den Rand des Höhenrückens und an ihm entlang leicht bergauf. Am Kleinbacherner Graben geht es kräftig bergauf in den Kranzberger Forst auf 519 m, hinunter nach Thalhausen und wieder hinauf auf 514 m in den Freisinger Forst. Von Wippenhausen geht es zurück nach Freising.
Eine abwechslungsreiche Radtour, die im Freisinger Moos leicht zu fahren ist, in den Forsten Kondition erfordert.

S-Bahnhof Freising
Wir verlassen den S-Bahnhof Freising zur Isar hin und radeln links über den P+R-Platz bis kurz vor die Isarbrücke, der Erdinger Str. Am Radweg auf dem Isardamm fahren wir rechts und auf dem Isar-Radweg die Isar aufwärts bis zur Ortslage Achering.

8 **Achering**
Rechts nehmen wir die Straße „Zur Isar" hinauf zur B11 und fahren schräg links hinüber zur Kirche. An der Hauptstraße rechts, kurz darauf links und dann über die S-Bahn nach Giggenhausen.

14 **Giggenhausen**
Wir fahren auf der Hauptstr. durch Giggenhausen nach Pallhausen, an Lageltshausen vorbei nach Gartelshausen. Am Abzweig nach Kleinbachern links, radeln wir am Kleinbacherner Graben kräftig bergauf nach Kleinbachern

21 **Kleinbachern**
und halten uns am Ortsende rechts nach Hohenbachern. Wir stoßen auf die Straße nach Kranzberg und folgen ihr bergauf in den Kranzberger Forst. Am Rehbuckel, mitten im Forst, fahren wir scharf rechts zur Dorfstelle Oberberghausen mit Kirche. Hier biegen wir links ab und halten uns an der Weggabelung rechts nach Oberthalhausen. In Oberthalhausen fahren wir vor zur Staatsstraße und radeln geradeaus nach Thalhausen hinein.

27 **Thalhausen**
Am Schloss vorbei geht es weiter bergauf nach Wippenhausen. Wir stoßen auf die Kreisstraße nach Freising und radeln nun auf dem Radweg immer bergab bis zum Weihenstephaner Ring in Freising. Nun

Gasthäuser
Giggenhausen:
Metzgerwirt, Hauptstr. 12
Thalhausen:
Hotel-Restaurant Zum Forst,
An der Lahn 4
Freising:
Furtner Bräu, Obere Hauptstr. 42
Braustüberl Weihenstephan,
Weihenstephaner Berg 10

Sehenswertes
Landesarboretum im Kranzberger Forst.
Ein exotischer Wald mit 170 Baumarten aus Nordamerika, Asien und Europa, den das Forstamt Freising angelegt hat.

36
S-Bahnhof Freising

links und wenig später rechts in die Wippenhauser Str. hinunter bis zur Straße „Obere Hauptstr." und hier links zur Altstadt. An den Bushaltestellen biegen wir rechts ab in die Bahnhofstr. und fahren nun immer geradeaus direkt auf den S-Bahnhof Freising zu.

Freising lädt ein zum Bummeln und Einkaufen, zum Besichtigen, Flanieren und Genießen.
„Wer Freising nicht gesehen hat, der kennt Altbayern nicht."

2 Nach Freising, eine der ältesten Städte Oberbayerns

Neufahrn - Massenhausen - Großeisenbach - Kranzberger See - Hohenbachern - Freising - Mintraching - Neufahrn

Länge: 39,9 km
Höhendifferenz: 77 m
Dauer: ca. 3 Stunden

Tourencharakter:
Von Neufahrn, 462 m, radeln wir über das FreisingerMoos, hinauf über den Höhenrücken auf 506 m, um ins Tal der Amper zu gelangen. Dem steilen Anstieg zum Kranzberger Forst folgt die lange Abfahrt nach Freising hinunter. Die Isar aufwärts, fahren wir zurück nach Neufahrn.
Zwei steile Anstiege von 50 m und 70 m machen die sonst leichte Tour doch anstrengend.

S-Bahnhof Neufahrn Vom S-Bahnhof fahren wir rechts auf der Massenhausener Str. geradeaus über den Kurt-Kittel-Ring und die Autobahn zu den Mühlseen. Der Weg führt zwischen den Seen über die Straße „An den Mühlseen“ Richtung Massenhausen zur Neufahrner Str. Wir überqueren sie und radeln rechts auf dem Feldweg nach

4 **Massenhausen** Massenhausen. Wir stoßen auf die Fürholzer Str. und setzen gegenüber im Mühlweg die Radtour fort. Auf dem Mühlweg gelangen wir zur „Obere Hauptstr.“ am Ortsausgang, fahren kurz links und den ersten Feldweg wieder links nach Hetzenhausen. In der Straße „Am Grasgarten“ gelangen wir zur Hauptstr. Wir biegen rechts ab, vor zur Kreisstraße und radeln links durch

7 **Großeisenbach** Großeisenbach Richtung Giesenbach. Links durch die Autobahnbrücke Richtung Weng, nehmen wir die Straße rechts nach Kleineisenbach bis zur Kreisstraße an der Amperbrücke. Links fahren wir über die Amper und den Werk-Kanal und nehmen den Weg rechts entlang des Werk-Kanals an Thurnsberg vorbei. Wir stoßen

13 **Kranzberger See** auf die Kreisstraße nach Kranzberg und folgen ihr rechts, zum Kranzberger See, wieder über die Amper nach Kranzberg hinein. Wir bleiben auf der Ortsdurchfahrt bis rechts die Hohenbacherner Str. abzweigt. Auf

21 **Hohenbachern** ihr radeln wir hinauf in den Kranzberger Forst und hinunter nach Hohenbachern. In Hohenbachern blei-

Gasthäuser
Neufahrn:
Gasthof Maisberger, Bahnhofstr. 54
an den Mühlseen: Mooswirt
Massenhausen:
Gasthof Hepting, Obere Hauptstr. 15
Hetzenhausen:
Hotel-Landgasthof Hofmeier, Hauptstr. 6a
Großeisenbach:
Gasthaus Fischer, St.-Quirin-Str. 16
am Kranzberger See:
Gasthaus Seehaus
Freising:
Braustüberl Weihenstephan,
Weihenstephaner Berg 10
Furtner Bräu, Obere Hauptstr. 42
Gasthof Lerner, Vöttinger Str. 60.

Sehenswertes
Freising
Freising ist eine der ältesten Städte Oberbayerns, genauer gesagt zwischen Regensburg und Bozen. Schon um 2000 v.Chr. gab es erste Ansiedlungen auf dem Domberg. Die eigentliche Geschichte Freisings beginnt mit der Herzogsburg der Agilolfinger um 700 n.Chr. Die Burg Frigisinga wurde erstmals 744 in der Schenkungsurkunde im Traditionsbuch des bischöflichen Notars Cozroh genannt. Auf Wirken des Wanderbischofs Korbinian um 720 n.Chr. und dessen Nachfolger Bonifatius wurde Freising 739 n.Chr. Bischofssitz und war für ein Jahrtausend geistlicher und weltlicher Mittelpunkt Altbayerns, mons doctus.

Am Marterl vorbei führt der Feldweg von Massenhausen nach Hetzenhausen.

ben wir auf der Ortsstr. und fahren nach Vötting. Nach rechts folgen wir der Griesfeldstr. hinunter zur Giggenhauser Str. Wir halten uns links und fahren nach der Kurve rechts in den Mühlenweg zur Moosach.
Wir bleiben auf dieser Bachseite und radeln unterhalb von Weihenstephan an der Moosach entlang zum Veitsmüllerweg. Wir halten uns links und kommen vor zur Vöttinger Str. Hier rechts und über die Kreuzung gelangen wir in die Obere Hauptstr. Die Bahnhofstr. zweigt rechts ab und bringt uns zum Bahnhof. Wir gehen zur Isar-Seite des Bahnhofs und radeln links über den P+R-Platz bis kurz vor die Isarbrücke, der Erdinger Str. Am Radweg auf dem Isardamm fahren wir rechts auf dem Isar-Radweg Richtung München bis zur Ortslage Mintraching. Hier biegen wir rechts ab hinauf in den „Isarweg", fahren über die B11 nach Mintraching hinein. Auf der Ortsdurchfahrt Richtung Neufahrn, kommen wir am Sportpark vorbei in den Galgenbachweg, der uns zur Bahnhofstr. führt. Hier rechts und wir sehen bereits den S-Bahnhof Neufahrn.

25,5
Freising Bahnhof

37
Mintraching

39,9
S-Bahnhof Neufahrn

3 Über das Freisinger Moos zum Atom-Ei

Lohhof - Eching - Neufahrn - Mintraching - Garching - Kreuzstraße - Lohhof

Länge: 34 km
Höhendifferenz: 23 m
Dauer: ca. 2,5 Stunden

Tourencharakter:
Von Lohhof auf 470 m Höhe radeln wir über das Freisinger Moos abwärts nach Neufahrn. Über Mintraching zur Isar und diese aufwärts erreichen wir bei Garching mit 482 m den höchsten Punkt der Radtour. Ohne nennenswerte Höhenunterschiede geht es zurück nach Lohhof.
Eine leichte Tour auf der uns die Wälder der Isarauen Schatten spenden.

S-Bahnhof Lohhof

Vom S-Bahnhof Lohhof aus fahren wir links entlang den Gleisen in den Hollerner Weg am Jugendzentrum vorbei, unter der Brücke hindurch und halten uns rechts. Parallel zur Güterbahn radeln wir auf der schmalen Straße und folgen ihr links, am Gut Hollern vorbei nach Eching. An den ersten Häusern biegen wir links ab in die Prof.-Kurt-Huber-Str., dann rechts in die Geschwister-Scholl-Str. Nach der Frühlingstr. heißt sie dann Blütenstr. An der Bahnhofstr. biegen wir links ab zum S-Bahnhof. Am Bahnhof rechts, folgen wir den Bahngleisen, unter der Autobahn hindurch, dann gleich links über die Gleise und wieder rechts. Nun immer den Gleisen entlang, dann links an der Baumgruppe entlang und wieder rechts, vor zum Bauhof nach Neufahrn. An der Straße links hinauf und dann rechts in den Weidenweg abbiegen. Wir treffen auf die Massenhauser Str., fahren hier links und am Kurt-Kittel-Ring rechts. Über die Bahn geht es zum Galgenbachweg und Sportzentrum. Links am Hallenbad vorbei, radeln wir nach Mintraching. Wir bleiben immer auf der Ortsdurchfahrt und stoßen auf die B11. Wir fahren hinüber in den Isarweg und geradeaus zur Isar hinunter. Hier halten wir uns rechts Richtung Garching und München. Nun radeln wir die Isar aufwärts durch die Untere Isarau. Vorbei an den Ortslagen Dietersheim und den

4
Eching

9
Neufahrn

11,5
Mintraching

Gasthäuser
Neufahrn:
Gasthof Maisberger, Bahnhofstr. 54
Garching:
Mühlenpark, Mühlgasse 48
Kreuzstraße:
Kreuzhof

Sehenswertes
Universitätsstadt Garching
Im Nordosten der Universitätsstadt Garching liegen die Hochschul- und Forschungseinrichtungen. Die Geburtsstunde dieses Wissenschaftsgeländes ist der Bau des 1. Deutschen Forschungsreaktors der Technischen Universität München im Jahre 1957. Wegen seiner Architektur von der Bevölkerung als Atom-Ei bezeichnet, war er bis ins Jahr 2001 in Betrieb und wurde durch einen neuen Reaktor ersetzt.
Als sich 1960 das Max-Planck-Institut für Plasmaphysik hinzugesellte, war ein Entwicklungsprozess zu einem der größten Forschungszentren der Welt eingeleitet, dessen Abschluss noch lange nicht absehbar ist.

Die Fakultät für Maschinenwesen im Eberhard-von-Kuenheim-Bau.

22,5
Garching

Forschungsinstituten, folgen wir dem Schild rechts hoch nach Garching in den Mühlenpark. Zur Weiterfahrt radeln wir ein kurzes Stück zurück und biegen vor dem Bach links ab. Wir folgen dem Weg rechts über die Brücke, weiter am Bach entlang bis vor zu den Forschungsinstituten. Die Hans-Kupfermann-Str. rechts und die Ludwig-Prandtl-Str. links kommen wir an die B11. Gegenüber nehmen wir den Radweg links der Straße zur Autobahn hinauf und wieder hinab. Unten fahren wir nach rechts auf der Straße Richtung Eching, dann nach den Bäumen links auf den Feldweg zum Mallertshofer Holz. Wir radeln immer geradeaus an

31
Kreuzstraße

der Mallertshofer Kirche vorbei, vor zur Kreuzstraße. An den Bahngleisen halten wir uns rechts und radeln parallel zur Bundesstraße nach Unterschleißheim bis zur Shell-Tankstelle. Nun hinüber zur Tankstelle

34
S-Bahnhof Lohhof

und rechts um sie herum in die Südliche Ingolstädter Str. Ihr folgen wir über den Kreisverkehr bis zum S-Bahnhof Lohhof.

Vom Mallertshofer Holz aus trifft man auf den Biergarten Kreuzhof an der Kreuzstraße.

4 Von der Schotterebene in das Ampertal

Lohhof - Kreuzstraße - Neufahrn - Massenhausen - Hetzenhausen - Großeisenbach - Weng - Haimhausen - Unterschleißheimer See - Lohhof

Länge: 41,8 km
Höhendifferenz: 55 m
Dauer: ca. 3 Stunden

Tourencharakter:
Vom S-Bahnhof Lohhof radeln wir ohne nennenswerte Steigung durch das Mallertshofer Holz bis zu den Neufahrner Mühlseen. Von Massenhausen geht es über den Höhenrücken 55 m kräftig bergauf nach Hetzenhausen und ebenso bergab in das Ampertal nach Weng. Entlang der Amper und durch das Dachauer Moos geht es zurück nach Lohhof.
Eine leichte Tour, die aber nach Hetzenhausen hinauf Kondition erfordert.

S-Bahnhof Lohhof

Wir starten an der Bushaltestelle an der Südlichen Ingolstädter Str. und radeln auf ihr über den Kreisverkehr geradeaus bis zum Münchner Ring. Hier radeln wir links zur B13 und überqueren sie. Nun radeln

3,0 **Kreuzstraße**

wir rechts auf dem Radweg nach Kreuzstraße. Nach der Ampel biegen wir links ab, vorbei an der Mallertshofer Kirche über das Mallertshofer Holz bis zur Straße Eching-Garching. Hier biegen wir links und nach wenigen Metern rechts ab über die Autobahnbrücke Richtung Dietersheim. Der Weg führt uns zum Settelehof an der Straße nach Dietersheim. Wir radeln gegenüber weiter nach Neufahrn. Vor dem Ort biegen wir rechts ab und stoßen auf die Dietersheimer Str.

14,0 **Neufahrn**

Wir fahren links, über die Echinger Str. zum S-Bahnhof Neufahrn. Hier gehen wir auf die andere Seite des Bahnhofs und setzen unsere Radtour in der Massenhauser Str. fort zu den Mühlseen. Am Parkplatz halten wir uns links auf den Weg Richtung Massenhausen. An der Staatsstraße fahren wir hinüber und rechts nach

17,5 **Massenhausen**

Massenhausen. Hier queren wir die Fürholzer Str. und radeln gegenüber im Mühlweg durch den Ort bis zur „Obere Hauptstr." Wir biegen links ab und gleich wieder links auf den Feldweg nach Hetzenhausen hinein.

20,3 **Hetzenhausen**

Von der Straße „Am Grasgarten" biegen wir rechts ab, radeln durch den Ort zur Straße Massenhausen-Groß-

Gasthäuser
Kreuzstraße: Kreuzhof
Neufahrn:
Gasthof Maisberger, Bahnhofstr. 54
an den Mühlseen: Mooswirt
Hetzenhausen:
Hotel-Landgasthof Hofmeier, Hauptstr. 6a
Großeisenbach:
Gasthaus Fischer, St.-Quirin-Str. 16
Weng: Gasthaus Weng
Ottershausen:
Gaststätte Marienmühle, Mühlenstr. 56
Unterschleißheim:
Landgasthof Alter Wirt, Hauptstr. 36
am Unterschleißheimer See: Seewirt

Sehenswertes
Die Heideflächen zwischen München und Neufahrn
Nachdem der Wald im Mittelalter durch intensive Nutzung einer offenen Heide- und Gebüschlandschaft weichen musste, wurden im 18. und 19. Jahrhundert großflächig Kiefern aufgeforstet. Im Mallertshofer Holz prägen noch heute lichte Kiefernwälder das Bild der Heidelandschaft. Neben intensivem Ackerbau mit Kartoffeln und Getreide dehnen sich im Süden des Naturschutzgebietes Mallertshofer Holz große Schafweiden aus. Drei Schäfereien betreiben Hüteschafhaltung und ziehen auf immer wechselnde Weidegründe.

Die St. Georgskirche bei Weng.

21,5 **Groß-eisenbach**	eisenbach. Wir fahren links, durch Großeisenbach Richtung Giesenbach und links unter der Autobahn hindurch nach Weng und Großnöbach. An der Römerstr. fahren wir rechts zur B13. Gegenüber nehmen wir den
26,5 **Fahrenzhausen**	Radweg nach Fahrenzhausen. An der St. Christophorus-Str. biegen wir links ab auf den Ammer-Amper-Radweg
31,6 **Haimhausen**	Richtung Haimhausen. Wir erreichen Haimhausen an der Straßenbrücke über der Amper und radeln bergauf in den Ort. Oben halten wir uns rechts nach Dachau und radeln nun auf der Staatsstraße nach Ottershausen. Kurz vor dem Ortsende von Ottershausen biegen wir links ab Richtung Marienmühle und dann wieder links in die Mühlenstr. zur Marienmühle. An der Marien-
38,4 **Unterschleiß-heimer See**	mühle radeln wir vorbei und biegen rechts ab Richtung Riedmoos. An der Straße halten wir uns links zum Unterschleißheimer See. Am Furtweg, vor dem See, radeln wir über die Autobahn und geradeaus über die Landshuter Str. bis zur Hauptstr. Hier links, kommen
41,8 **S-Bahnhof Lohhof**	wir über die Bahngleise und fahren geradeaus in die Bezirksstr. vor bis an die Südliche Ingolstädter Str. zum Kreisverkehr und dann kurz links zum S-Bahnhof.

An den Mühlseen: Erfrischung am und im Wasser.

5 Rund um die Flugwerft Schleißheim

Unterschleißheim - Lustheim - Feldmoching-Regattastrecke - Ottershausen - Inhausermoos - Unterschleißheim

Länge: 30 km
Höhendifferenz: 36 m
Dauer: ca. 2 Stunden

Tourencharakter:
Wir beginnen die Tour am S-Bahnhof auf 480 m Höhe. Durch den Berglwald, über das Flugfeld geht es aufwärts bis ins Naturwaldreservat. Abwärts geht es über die Regattastrecke bis zur Amper bei Ottershausen auf 462 m. Jetzt steil bergauf nach Inhausen auf 498 m und genauso steil bergab über den Unterschleißheimer See zum S-Bahnhof.
Abgesehen vom sportlichen Teil bei Inhausen, ist es eher eine leichte Tour zwischen Natur und Technik.

S-Bahnhof Unterschleißheim

Den S-Bahnhof verlassen wir zum Einkaufszentrum, halten uns rechts zur Brücke und fahren parallel zum Parkplatz an der Post und Rathaus vorbei zur Kreuzung. Hier halten wir uns rechts und fahren den Münchner Ring entlang bis zum Waldfriedhof. Jetzt rechts am Friedhof vorbei in den Berglwald hinein. Wir fahren

3
Lustheim

immer geradeaus nach Lustheim und stoßen auf die B471. Gegenüber in die Hochmuttiger Str., im Bogen an der Schlossmauer und am Forsthaus vorbei, geht es über das Flugfeld nach Hochmuttig. Von rechts kommt die Münchner Allee, der wir bis zur Jägerstr. folgen. Hier biegen wir rechts ab, am Bundesgrenzschutz vorbei, in das Naturwaldreservat. Am Ende des Waldes geht es links weiter an der Bahn entlang, unter der Autobahn hindurch. Wir fahren rechts über den Bahnübergang und radeln auf der Hochmuttiger Str. nach

11
Feldmoching

Feldmoching hinein. An der Frankaustr. links, an der Herbergstr. rechts und an der Pflaumstr. wieder rechts, überqueren wir die Feldmochinger Str. Nach wenigen Metern biegen wir rechts in die Grashofstr. ein und fahren auf ihr aus Feldmoching hinaus, wieder unter der Autobahn hindurch und gleich rechts in den Eishüttenweg. Über den Würmkanal geht es zum Regatta-

15
Regattastrecke

parksee. Wir fahren am See und an den Tribünen vorbei, vor zur Einfahrt an der Bundesstraße. Hier geht es

Gasthäuser
Oberschleißheim:
Waldrestaurant Bergl, Bergl 1
an der Regattastrecke:
Restaurante Akademia, Dachauer Str. 35a
Unterschleißheim:
Landgasthof Alter Wirt, Hauptstr. 36
am Unterschleißheimer See:
Seewirt

Sehenswertes
Flugwerft Schleißheim
Die Flugwerft Schleißheim ist eine Zweigstelle des Deutschen Museums. Neben den historischen Gebäuden und dem historischen Flugplatz befinden sich auf der ca. 7.800 qm großen Ausstellungsfläche über 50 Flugzeuge, Hubschrauber, Hängegleiter und eine original EUROPA-Rakete. Eine Ausstellung erläutert die Geschichte des Flugplatzes und der Gebäude seit dem Jahre 1912.

Kirche in Inhausen
Die heutige Kirche wurde im Jahr 1450 im gotischen Stil erbaut und im 17. Jh. nach den Zerstörungen des 30jährigen Krieges umgestaltet und barock eingerichtet.

über die B471, rechts hoch zur Autobahn, dann links Richtung Badersfeld in die Hackerstr. Nach der Linkskurve biegen wir rechts ab und fahren parallel zur Autobahn nach Riedmoos. Auf der Würmbachstr. radeln wir durch Riedmoos. Am Ende der Straße kurz rechts und gleich wieder links zur Marienmühle. An der Mühle vorbei erreichen wir Ottershausen. Wir fahren rechts, an der Kirche vorbei und wieder rechts die Hochstr. steil bergauf nach Inhausen. In Inhausen biegen wir rechts ab in den Grasweg, fahren auf die Kirche zu und wieder hinunter. Wir stoßen auf den Moosweg, fahren rechts nach Inhausermoos und hier links in den Birkenweg hinein. An der Moosachstr. radeln wir nach rechts, am Unterschleißheimer See vorbei, zum Furtweg. Der Weg führt uns links über die Autobahn, immer geradeaus über die Landshuter Str. bis zur Hauptstr. Weiter geht es schräg rechts in die Berglstr. und geradeaus zum S-Bahnhof.

22 **Ottershausen**
26,5 **Inhausen**
30 **S-Bahnhof Unterschleißheim**

6 Die Schlösser, das Dachauer Moos und das Hügelland

Oberschleißheim - Riedmoos - Ampermoching - Schönbrunn - Oberndorf - Haimhausen - Unterschleißheim - Oberschleißheim

Länge: 38,1 km
Höhendifferenz: 48 m
Dauer: ca. 3,5 Stunden

Tourencharakter:
Von Oberschleißheim radeln wir über das Dachauer Moos ins Ampertal. In Ampermoching geht es 30 m hinauf nach Mariabrunn ins Hügelland, dessen Rand die Amper säumt. Bergab und bergauf radeln wir wieder ins Ampertal nach Haimhausen. Durch den Berglwald geht es zurück nach Oberschleißheim.
Eine längere Radtour mit dem Hügelland im mittleren Abschnitt und dem flachen Dachauer Moos am Anfang und am Ende.

S-Bahnhof Oberschleißheim

Den Bahnhof verlassen wir zu den Bushaltestellen hin. Wir halten uns rechts zur Mittenheimer Str. und fahren Richtung Unterschleißheim aus dem Ort, dann links

3,0 **Riedmoos**

nach Riedmoos und gelangen über die Autobahn zur Würmbachstr. Nach rechts folgen wir ihr bis zum Ende und biegen links in den Waldweg, der uns am Schluss über eine Brücke zur Straße führt. Hier rechts, kommen wir am Mooshäusl vorbei und fahren auf der Straße bis

9,6 **Ampermoching**

zur Staatsstraße nach Ampermoching, dann links über die Amper nach Ampermoching. Auf der Haimhauser Str. kommen wir zur Ortsmitte und fahren Richtung Lotzbach bis zur Bürgermeister-Gasteiger-Str., die

11,2 **Mariabrunn**

links abzweigt. Wir biegen ein und gleich rechts in die Straße, den Berg hinauf, oben links nach Mariabrunn. Durch Mariabrunn sollten wir das Rad schieben und

13,5 **Schönbrunn**

rollen dann bergab zur Kreisstraße. Wir biegen links ab über Zieglberg nach Schönbrunn. An der Prälat-Steininger-Str. fahren wir rechts durch Schönbrunn nach Rudelzhofen, vor zur Kreisstraße. Der Waldweg gegenüber führt uns am Waldrand entlang über den Berg.

20,8 **Oberndorf**

An der Straße biegen wir rechts ab und fahren durch Westerndorf nach Oberndorf. Der „Alten Dorfstr." folgen wir zur Kreisstraße. Gegenüber auf dem Feldweg radeln wir rechts, entlang des Biberbachs, zum Ammer-Amper-Radweg. Wir folgen ihm rechts nach

Gasthäuser
Gasthaus Mooshäusl, Am Mooshäusl 1
Ampermoching:
Gasthaus Grossmann, Indersdorfer Str. 3
Mariabrunn:
Schlosswirtschaft Mariabrunn, Mariabrunn 3
Ottershausen:
Gaststätte Marienmühle, Mühlenstr. 56
Unterschleißheim:
Landgasthof Alter Wirt, Hauptstr. 36
am Unterschleißheimer See: Seewirt
Oberschleißheim:
Waldrestaurant Bergl, Bergl 1
am Schloss:
Schlosswirtschaft, Maximilianhof 2

Sehenswertes
Schloss Schleißheim
Das Neue Schloss in Oberschleißheim wurde im Auftrag Kurfürst Max Emanuels 1701–1704 nach Entwürfen von Enrico Zuccalli begonnen und ab 1719 unter Joseph Effner vollendet. Von der geplanten monumentalen Vierflügelanlage ist nur der Hauptflügel realisiert worden. Die prunkvolle Innenausstattung schufen bedeutende Künstler wie Johann Baptist Zimmermann, Cosmas Damian Asam und Jacopo Amigoni. Anlässlich seiner Vermählung mit der österreichischen Kaisertochter Maria Antonia im Jahre 1685 beauftragte Kurfürst Max Emanuel den Architekten Enrico Zuccalli mit der Errichtung des Jagd- und Gartenschlösschens Lustheim. Heute birgt Schloss Lustheim die weltberühmte und nach Dresden bedeutendste Sammlung früher Meißener Porzellane.

Das Jagd- und Gartenschlösschen Lustheim mit seiner Gartenanlage.

24,4
Haimhausen

Haimhausen zur Straßenbrücke an der Amper. Hier geht es bergauf in den Ort zur Staatsstraße nach Dachau. Wir folgen ihr bis kurz vor dem Ortsende von Ottershausen, biegen links ab Richtung Marienmühle und wieder links in die Mühlenstr. zur Marienmühle. Am Wirtshaus vorbei, halten wir uns schräg links zum Weg, der zum Unterschleißheimer See führt. An den Parkplätzen am See vorbei, radeln wir im Furtweg über die Autobahn nach Unterschleißheim hinein. Wir folgen ihm über die Landshuter Str. bis zur Hauptstr. Hier radeln wir schräg rechts zur Berglstr. und zum S-Bahnhof. Wir laufen unter den Gleisen durch und radeln geradeaus, am Einkaufszentrum vorbei, über die Raiffeisenstr. hinüber in den Meschendörfer Weg zum Münchner Ring. Gegenüber, am Waldfriedhof vorbei, radeln wir durch das Berglholz nach Lustheim. Wir stoßen auf die B471 und fahren gegenüber in die Hochmuttiger Str. Rechts radeln wir zum Eingang am Schlosspark und laufen durch den Park zum Neuen Schloss. Wir nehmen den Ausgang links am Schloss vorbei und radeln durch die Amigonistr. zur Effnerstr. Rechts durch den Wilhelmshof über die B471 erreichen wir den S-Bahnhof.

31,8
Unterschleißheim

38,1
S-Bahnhof Oberschleißheim

7 An der Regattastrecke der Olympischen Spiele von 1972

Feldmoching - Regattastrecke - Karlsfelder See - Dachau/Gedenkstätte - Mooshäusl - Oberschleißheim/Schloss - Feldmoching

Länge: 36,2 km
Höhendifferenz: 28 m
Dauer: ca. 2,5 Stunden

Tourencharakter:
Vom S-Bahnhof Feldmoching aus radeln wir zur Regattastrecke, über das Dachauer Moos nach Dachau ins Ampertal. Von hier aus wenden wir uns wieder zum Dachauer Moos, drehen eine Runde um den Sportflugplatz Oberschleißheim und kommen zurück nach Feldmoching. Eine leichte Tour über das offene und flache Dachauer Moos.

S-Bahnhof Feldmoching
Wir starten am Walter-Sedlmayr-Platz, radeln die Josef-Frankl-Str. vor zur Feldmochinger Str. Hier biegen wir rechts ab, am Denkmal schräg links, in die Grashofstr. zur Pflaumstr. Gegenüber radeln wir unter der Autobahn durch, rechts in den Eishüttenweg über den

5,5 **Regattastrecke**
Würmkanal zum Regattaparksee, vorbei an den Tribünen. An der Tennisakademie links zum Leistungszentrum und über den Parkplatz rechts in den Wald. Am Schnepfenweg biegen wir links ab, gleich wieder rechts und kommen in den Kalterbachweg. Nach den Häusern biegen wir links ab zum Regattaweg und zum NSG Schwarzhölzl. Am Waldrand entlang, biegen wir in der Kurve rechts in den Wald, halten uns rechts und erreichen nach dem Wald den Augustenfelder Weg in Karlsfeld. Wir radeln links zum Wiesenweg, fahren rechts zur Hochstr. und von ihr unter der Brücke hin-

11,2 **Karlsfelder See**
durch zum Karlsfelder See. Am See fahren wir geradeaus, biegen am Ende des Sees rechts ab zu den Kleingärten über die Brücke der B471. Nach der Brücke folgen wir dem Weg rechts und biegen links ab in die Straße „Am Tiefen Graben", vor zur Schleißheimer Str.

15,0 **Dachau/ Gedenkstätte**
Schräg rechts radeln wir in die „Alte Römerstr." an der Gedenkstätte vorbei und biegen rechts ab in die Straße „Am Kräutergarten", links in die Hebertshausener Str. dann in die Neufeldstr. zum Sportgelände Heberts-

Gasthäuser
an der Regattastrecke:
Restaurante Akademia, Dachauer Str. 35a
Hebertshausen am Sportgelände:
Sportgaststätte SV Hebertshausen
Gasthaus Mooshäusl, Am Mooshäusl 1
Oberschleißheim am Schloss:
Schlosswirtschaft, Maximilianhof 2
an der Flugwerft:
Restaurant Pegasus, Effnerstr. 18

Sehenswertes
Olympia-Regattastrecke
Luftlinie sechs Kilometer nördlich des Olympiaparks liegt die künstlich angelegte Regattastrecke – eingebettet in 850.000 Quadratmeter Natur. Für Ruderer und Kanuten ging es 1972 hier um olympische Medaillen, und diese Sportarten dominieren auch heute die nacholympische Nutzung. Neben dem täglichen Training finden hier etliche nationale und internationale Kanu- und Ruderregatten statt. Interessante Freizeitmöglichkeiten bieten hier die Vereine der Kanuten, Ruderer und Bogenschützen ihren Mitgliedern. Allen zugänglich ist die ca. 500 Meter lange Badefläche direkt vor den Tribünen. Und rund um die Olympia-Regattastrecke herum genießen auch Volleyballspieler, Inlineskater und Radsportler die Anlage.

Das Tor zum Innenhof im Alten Schloss in Oberschleißheim.

hausen. Hinter dem Sportgelände radeln wir links und vor der Amper rechts auf den Ammer-Amper-Radweg. Wir stoßen auf die Amperbrücke bei Ampermoching, biegen rechts ab und nach der Kurve rechts in die Straße Richtung Hackermoos. Nach dem Mooshäusl radeln wir links über die Brücke in den Waldweg, der nach Riedmoos führt. Wir stoßen auf die Würmbachstr., biegen rechts ab und fahren durch Riedmoos zur Birkhahnstr., die links abzweigt. Wir folgen ihr über die Autobahn und fahren nach der Brücke rechts ab im spitzen Winkel zurück nach Oberschleißheim. Wir kommen in die St. Margarethenstr. und folgen ihr zur Dachauer Str. am Schleißheimer Kanal. Gegenüber fahren wir weiter zur Landesuntersuchungsanstalt und biegen links ab in die Veterinärstr. An der Staatsstraße setzen wir gegenüber die Tour fort, fahren über die Bahnlinie geradeaus in den Wilhelmshof des „Alten Schlosses". Im Hof biegen wir rechts ab in die Effnerstr., links in die Amigonistr., dann rechts in die Münchner Str. auf das Flugfeld an Hochmuttig vorbei. Am Waldrand radeln wir rechts in die Jägerstr. und folgen ihr geradeaus durch das Naturwaldreservat. Am Ende biegen wir links ab, radeln unter der Autobahn durch und entlang der Bahn in die Raheinstr. über die Dülferstr. zum S-Bahnhof.

21,5 **Mooshäusl**

28,2 **Oberschleißheim/Schloss**

36,2 **S-Bahnhof Feldmoching**

8 Zur Wunderheilerin nach Mariabrunn

Röhrmoos - Pasenbach - Weichs - Lueg - Asbach - Esterhofen - Ampermoching - Röhrmoos

Länge: 38 km
Höhendifferenz: 74 m
Dauer: ca. 3 Stunden

Tourencharakter:
Von Röhrmoos fahren wir hinunter zur Glonn auf 462 m. Über das Hochholz radeln wir zum höchsten Punkt der Tour, zum Brunnhof, auf 532 m. Wieder geht es hinunter zur Glonn, bergauf und bergab über Ampermoching zurück nach Röhrmoos.
Eine Tour für Radler mit Kondition und kräftigen Beinen.

S-Bahnhof Röhrmoos
Wir starten zur Radtour in der Bahnhofstr., fahren sie rechts hinunter zur Schönbrunner Str. Rechts geht es durch die Brücke und wieder rechts in die Inzemooser Str.

4,5 Pasenbach
An der Kreisstraße fahren wir rechts zur Schlammerstr., an der Feuerwehr vorbei, nach Pasenbach. Über den Kreisverkehr fahren wir in die Sonnenstr., halten uns rechts zur Schloßstr. vor zur Weichser Str. Hier biegen wir links ab und radeln bis nach

8 Weichs
Weichs. Über die Glonn und an der Kirche vorbei kommen wir in die Ortsmitte zur Freisinger Str. Kurz links, wieder rechts, geht es nun aufwärts nach Fränking. Hier geht es geradeaus in das Hochholz bis zur Kreisstraße. Wir biegen rechts ab nach Stachusried, bleiben auf der Kreisstraße und fahren bis zur Kreuzung, an der die

14 Lueg
Straße nach Eglersried rechts abzweigt. Vor Eglersried biegen wir in den Fahrweg links nach Lueg, Weingarten und Brunnhof ab. Jetzt haben wir den höchsten Punkt der Tour erreicht. Am Brunnhof fahren wir Richtung Petershausen über Thann und Sollern. Wir nehmen den Abzweig nach Ziegelberg hinunter zum Wasenhof an

20,5 Asbach
der Staatsstraße. Nun radeln wir rechts über die Glonn nach Asbach. Am Ortsanfang biegen wir in die Vier-

24 Esterhofen
kirchener Str. rechts ab und fahren unter der S-Bahn hindurch, an Ramelsbach vorbei, nach Esterhofen hinein. An der Indersdorfer Str. radeln wir ein kurzes

Gasthäuser
Weichs:
Ristorante Molisana, Münchner Str. 2
Schönbrunn:
Klostergaststätte, Prälat-Steininger-Str. 1
Mariabrunn:
Schlosswirtschaft Mariabrunn, Mariabrunn 3
Ampermoching:
Gasthaus Grossmann, Indersdorfer Str. 3

Sehenswertes
Mariabrunn
Unter Amalie Hohenester gelangte der Wallfahrts- und Kurort zu Glanz und Ruhm. Die Wunderdoktorin kurierte einst einen Baron von Rothschild, den Großfürsten Nikolai Nikolaijewitsch, „Sisi" die Kaiserin von Österreich und die Exkönigin von Hannover mit brutalen Kaltwasserduschen und strenger Diätkost. Aus allen Ecken Europas kamen die Gäste angereist. Obwohl von den Ärzten wegen ihres großen Zulaufs angefeindet und als Kurpfuscherin abgestempelt, wurde sie von Ihren Patienten wie eine „Heilige" verehrt.

Schlosswirtschaft und Biergarten in Mariabrunn.

Wallfahrtskirche Mariä Verkündigung in Mariabrunn.

Stück nach links und dann rechts in die Dachauer Str. nach Schönbrunn. Im Vierkirchner Holz überqueren wir die Straße nach Biberbach und treffen auf die Schönbrunner Str. zwischen Röhrmoos und Schönbrunn. Wir fahren links, an Schönbrunn und Zieglberg vorbei und biegen in der Kurve rechts ab hinauf nach Mariabrunn. Am Biergarten vorbei sollten wir unser Rad schieben und radeln dann auf dem Höhenrücken links nach

32
Ampermoching

Ampermoching hinunter. An der Kirche vorbei treffen wir auf die Purtlhofer Str. Wir biegen rechts ab Richtung Purtlhof nach Reipertshofen. Nun rechts abbiegen und wir radeln auf Röhrmoos zu. An der Bürgermeister-Haller-Str. fahren wir links zur Schönbrunner Str. und

38
S-Bahnhof Röhrmoos

fahren auf ihr weiter links Richtung S-Bahn und biegen noch mal rechts ab zum Bahnhof.

Hier biegt der Weg ab nach Ampermoching.

9 Im Dachauer Moos

Karlsfeld - Eschenried - Neuhimmelreich - Dachau - Riedmoos - Karlsfeld

Länge: 37,5 km
Höhendifferenz: 32 m
Dauer: ca. 2,5 Stunden

Tourencharakter:
Der Bahnhof Karlsfeld liegt auf 500 m Höhe. Über das Dachauer Moos radeln wir zur Amper. Wir folgen ihr abwärts durch Dachau auf dem Ammer-Amper-Radweg zur Brücke bei Ampermoching. Wieder über das Dachauer Moos und am Würmkanal entlang geht es aufwärts zurück nach Karlsfeld. Eine leichte und sonnige Tour über das flache Dachauer Moos.

S-Bahnhof Karlsfeld

Wir verlassen den S-Bahnhof zu den Bussen nach Allach, halten uns am P+R-Platz links und biegen rechts in die Eisolzrieder Str. ein, über die Würm und fahren nun in der Birkenstr. bis zum Weckerweg, dem wir links folgen. Am Wegende rechts, dann links in die Siberstr. Nach wenigen Metern biegen wir rechts in den Lippweg. Wir radeln entlang der Autobahn und stoßen auf den Hadinger Weg. An der Einmündung kurz rechts, dann links in den „Am Kurfürstenweg" nach Eschenried.

5 **Eschenried**

Vorbei am Golfplatz, biegen wir rechts in die Münchener Str. ein und fahren nach der Kirche links Richtung Neuhimmelreich auf der Eschenrieder Str. bis zur Amper.

8 **Neuhimmelreich**

Jetzt geht es rechts auf dem Ammer-Amper-Radweg bis zur Brücke links nach Mitterndorf.

13 **Dachau**

Nach der Brücke radeln wir wieder rechts an der Amper entlang über die Ludwig-Dill-Str. hinweg, in den Weg „Am Kalkberg" der in die Brunnengartenstr. übergeht. Am Ende der Straße fahren wir rechts über die Amperbrücke und biegen links in die Schleißheimer Str. ein. Vor der Bahnbrücke radeln wir links in die M.-Huber-Str. und fahren vor der Amper rechts in den Amperweg. Auf ihm fahren wir entlang der Amper, bis zur Erich-Ollenhauer-Str. Nun links über die Amper, rechts in die Veltenstr. und wir radeln entlang der Bahn auf der alten Freisinger Str. bis zur „Alte Römerstr" die uns

Gasthäuser
Eschenried:
Kreuzhof, Münchner Str. 40
Neuhimmelreich:
Alte Liebe an der Amper, Im Lus 4
Gasthaus Mooshäusl, Am Mooshäusl 1
an der Regattastrecke:
Restaurante Akademia, Dachauer Str. 35a
Hebertshausen am Sportgelände:
Sportgaststätte SV Hebertshausen

Sehenswertes
Umwelthaus Obergrashof
Ein Erlebnispunkt im Dachauer Moos ist die Umweltstation Obergrashof im Gutshof Obergrashof. Sie ist Ausgangspunkt für Führungen und Erkundungen im Dachauer Moos.

Schlossgarten Dachau
Alte Gartenmauern, ein barocker Laubengang aus Linden, ein regelmäßiger Obstgarten und ein kleines Wäldchen zeugen von den verschiedenen Epochen der Gartenkunst, die der Hofgarten des Schlosses Dachau seit dem 16. Jahrhundert durchlaufen hat.
Seine reizvolle Lage auf einem Höhenrücken bietet einen grandiosen Panoramablick bis hin zur Gebirgskette der Alpen.

Das Schloss in Dachau mit dem Laubengang.

Richtung Dachau Ost führt. Wir fahren über die Brücke, dann links auf dem Ammer-Amper-Radweg entlang der Amper bis zur Straßenbrücke bei Ampermoching. Wir halten uns rechts und biegen kurz danach wieder rechts in die Straße Richtung Hackermoos ab. Am Mooshäusl vorbei, biegen wir in der Rechtskurve links ab über die Brücke in den Wald. Am Ende des Weges fahren wir rechts in die Würmbachstr. durch Riedmoos, an den Sportplätzen vorbei, parallel zur Autobahn, links in die Hackerstr und vor zur AB-Anschlussstelle. Hier fahren wir rechts die Bundesstraße hinunter und nehmen dann die Einfahrt links zur Regattastrecke. Wir halten uns links an der Tennisakademie vorbei Richtung Regattaparksee und radeln auf dem Eishüttenweg zum Würmkanal. Vor dem Kanal biegen wir rechts ab Richtung Karlsfeld, entlang des Kanals und später noch einmal links Richtung S-Bahnhof-Karlsfeld. „Am Burgfrieden" erreichen wir Karlsfeld und stoßen auf die Münchner Str. Wir fahren hinüber, weiter entlang des Kanals, zur Allacher Str. Nun links über den Würmkanal „Zum Schwabenbächl" und vor zum Bahnhof.

26
Riedmoos

37,5
S-Bahnhof Karlsfeld

10 Aus dem Tal der Glonn ins Ampertal

Erdweg - Arnbach - Kloster Indersdorf - Weichs - Ebersbach - Asbach - Vierkirchen - Ampermoching - Hebertshausen

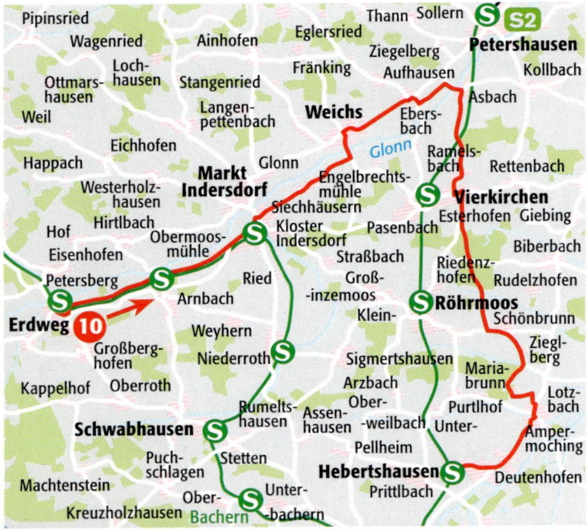

Länge: 30,6 km
Höhendifferenz: 49 m
Dauer: ca. 2,5 Stunden

Tourencharakter:
Wir starten in Erdweg im Tal der Glonn und radeln flussabwärts über Markt Indersdorf und Weichs bis nach Asbach. Hier wenden wir uns nach Süden und radeln bergauf und bergab durch das Hügelland nach Ampermoching ins Ampertal und weiter nach Hebertshausen.
Eine leichte und sonnige Tour mit einem Anstieg von 49 m im mittleren Teil.

S-Bahnhof Erdweg

3,6 **Arnbach**

7,2 **Markt Indersdorf**

11,1 **Weichs**

13,2 **Ebersbach**

15,1 **Asbach**

Wir starten am S-Bahnhof Erdweg und radeln links die Straße vor zur Hauptstr. Hier halten wir uns links Richtung Schwabhausen. An der Indersdorfer Str. radeln wir links, gleich wieder links in die Südenstr., dann rechts zur Ostenstr. über die Bahnlinie. Jetzt führt die Tour entlang der Bahn bis zum S-Bahnhof Arnbach, an ihm vorbei, über die Straße „Am Kühberg“ und weiter geht die Radtour im Tal der Glonn, entlang der Bahnlinie. Wir kommen an der Obermoosmühle vorbei und stoßen an der Untermoosmühle, am Bahnübergang, auf die Arnbacher Str., die uns nach Markt Indersdorf führt. Am S-Bahnhof vorbei, stoßen wir auf die Dachauer Str., halten uns links Richtung Weichs und an der Brücke über den Rothbach rechts in die Ludwig-Thoma-Str. Rechts sehen wir das Kloster, radeln aber geradeaus und wechseln in die Cyclostr., die uns durch Siechhäusern zur Straße Vierkirchen-Weichs führt. Hier biegen wir links ab, radeln über die Glonn nach Weichs hinein bis zur Frühlingstr., in die wir rechts einbiegen. Geradeaus treffen wir auf die Staatsstraße nach Ebersbach und fahren nach Ebersbach bis rechts die Dorfstr. abzweigt. Wir radeln auch rechts bis zur Kirche und biegen links ab, immer noch in der Dorfstr. Wir fahren aus dem Ort und stoßen auf die Straße nach Asbach. Wir radeln rechts über die Glonn nach Asbach

Gasthäuser
Erdweg:
Wirtshaus am Erdweg, Hauptstr. 14
Weichs:
Ristorante Molisana, Münchner Str. 2
Ebersbach:
Gasthof Rauch. Hauptstr. 7
Schönbrunn:
Klostergaststätte, Prälat-Steininger-Str. 1
Mariabrunn:
Schlosswirtschaft Mariabrunn, Mariabrunn 3
Ampermoching:
Gasthaus Grossmann, Indersdorfer Str. 3
Hebertshausen:
Landgasthof Herzog, Heripertplatz 1

Sehenswertes
Die Radtour führt uns an den Kirchen mit den ältesten Glocken des Landkreises Dachau vorbei. Die Glocke der Kirche in Arnbach wurde 1551 geweiht, die in der Klosterkirche von Indersdorf 1442, in Asbach 1717, in Ampermoching 1560 und Hebertshausen 1692. Die älteste Glocke von 1128 befindet sich in Pasenbach/Vierkirchen. Das Kirchenlatein des Mittelalters kennt kein eigentliches Wort für Glocke, sondern spricht vielmehr von den „signa ecclesiae", von den „Zeichen der Kirche". Iroschottische Wandermönche brachten die ersten Glocken mit nach Bayern. Die ersten Kirchenglocken wurden um das Jahr 1100 n.Chr. gegossen. Sie hatten die Form eines Bienenkorbes und klangen nur geringfügig besser als eine Blechtonne. In den folgenden Jahrhunderten bemühte man sich um klangliche Verbesserungen. Es entstanden die Zuckerhutglocken, die schon recht gut klangen. Dann kam die Birnenform und schließlich um 1400 n.Chr. die gotische Rippe. Sie ist die heute bekannte Glockenform. Charakteristisch für die gotische Rippe ist, dass die Höhe der Glocke ohne Krone gleich dem Durchmesser unten ist.

Die Kirche in Pasenbach.

hinein und gleich rechts in die Vierkirchner Str. Nun verlassen wir das Tal und kommen unter der Bahn hindurch, an Ramelsbach vorbei, nach Esterhofen, den Ortsteilen von Vierkirchen. In Esterhofen stoßen wir auf die Indersdorfer Str. Hier biegen wir links ab und gleich rechts in die Dachauer Str. Vor dem Esterhofer Holz biegen wir links ab und radeln durch den Wald geradeaus bis nach Schönbrunn. An der Kreisstraße fahren wir nach links auf dem Radweg an Schönbrunn vorbei, über Zieglberg, bis zum Abzweig nach Mariabrunn. Rechts geht es hinauf zur Schlossgaststätte und Biergarten. Weiter bergauf kommen wir auf den Höhenrücken fahren links, später rechts hinunter nach Ampermoching. An der Bürgermeister-Gasteiger-Str. links kommen wir zur Indersdorfer Str. Hier biegen wir rechts ab und folgen der Dachauer Str. auf dem Radweg nach Hebertshausen. In Hebertshausen, am Rathaus, biegen wir rechts in die Franz-Schneller-Str. ein und radeln zum S-Bahnhof Hebertshausen.

18,5
Esterhofen

23,2
Schönbrunn

26,9
Ampermoching

30,6
S-Bahnhof Hebertshausen

11 Rund um das Kloster Indersdorf

Markt Indersdorf - Erdweg - Kleinberghofen - Altomünster - Stangenried - Ainhofen - Weichs - Markt Indersdorf

Länge: 33,8 km
Höhendifferenz: 69 m
Dauer: ca. 2,5 Stunden

Tourencharakter:
Vom Bahnhof aus radeln wir im Tal der Glonn flussaufwärts. Am Stumpfenbacher Bach hinauf nach Altomünster erreichen wir schon 532 m Höhe. Nun geht es auf den Höhen kräftig bergauf und bergab, rechts den Blick ins Tal der Glonn, nach Fränking. Ab hier geht es hinunter zur Glonn auf 463 m. Wir folgen ihr aufwärts zurück nach Markt Indersdorf. Eine Tour für konditionsstarke Radler.

S-Bahnhof Markt Indersdorf

Vom Bahnhofplatz fahren wir vor auf die Arnbacher Str., dann links bis an den Bahnübergang. Geradeaus, entlang der Bahnlinie, radeln wir an der Obermoosmühle vorbei, über die Straße „Am Kühberg“ am S-Bahnhof Arnbach, bis vor Erdweg.

6,5
Erdweg

Wir fahren links über die Bahn in die Ostenstr., wieder links zur Indersdorfer Str. Rechts radeln wir zur Hauptstr. und fahren wieder rechts auf dem Weg am S-Bahnhof vorbei nach Petersberg. An der Bischof-Neuhäusler-Str. rechts, radeln wir über die Gleise Richtung Eisenhofen, biegen aber vor der Bachbrücke links in die Schleifmühlstr. ab und

10
Kleinberg-hofen

radeln wieder entlang der Bahnlinie nach Kleinberghofen. In Höhe vom Ortsanfang führt der Weg rechts hinüber zur Straße nach Kleinberghofen. Jetzt radeln wir am Ortsrand entlang, in der Mühlbachstr., bis vor zur Kirche. Hier halten wir uns rechts in die St.-Martin-Str. und fahren bergauf Richtung Altomünster über Deutenhofen nach Stumpfenbach. Von der St.-Ulrich-Str. in Stumpfenbach biegen wir an der Kapelle rechts in den Kapellenweg ab und halten uns in der Kurve

14
Altomünster

wieder rechts nach Altomünster. Am Sportplatz vorbei erreichen wir Altomünster im Faberweg und stoßen auf die Weilerstr. von Markt Indersdorf her. Hier biegen wir rechts ab, fahren bis zum Abzweig nach Breitenau und dann die schmale Straße links nach Breitenau hinauf.

Gasthäuser
Erdweg:
Wirtshaus am Erdweg, Hauptstr. 14
Eisenhofen:
Gasthaus Gschwendtner,
Bischof-Neuhäusler-Str. 27
Kleinberghofen:
Restaurant Rothenfußer, Münchner Str. 2
Ainhofen:
Markus Wirtshaus, Bürgermeister-Hefele-Str. 19
Weichs:
Ristorante Molisana, Münchner Str. 2
Markt Indersdorf:
Gasthof Funk, Ludwig-Thoma-Str. 32
Klostergaststätte, Marienplatz 12

Sehenswertes
Kloster Indersdorf
Pfalzgraf Otto V. von Wittelsbach gründete im Jahre 1120 das Chorherrenstift. Er tat dies im Auftrag von Papst Calixtus II. als Sühne für die Teilnahme am Kriegszug des Kaisers Heinrich V. nach Rom im Jahre 1111. Der Klosterbesitz wurde im 15. Jahrhundert erheblich vermehrt. 1496 ist der Erwerb von Weingärten in Weinzierl bei Krems an der Donau nachgewiesen. Den Indersdorfer Patres, die damals in Wien studierten, mundete der Kremser Wein offenbar besser, als der Wein aus Kehlheim.

Heute ist im Kloster Indersdorf die Realschule untergebracht

Geradeaus an Breitenau vorbei, halten wir uns links am Waldrand entlang, fahren über einen Bach nach Ottmarshausen. An der Straße in Ottmarshausen radeln wir links hinauf und wieder abwärts zur Kreisstraße.

22 **Stangenried**

Rechts geht es weiter nach Wagenried. Nach dem Ort links über Senkenschlag, Lochhausen nach Stangenried auf die Staatsstraße nach Hilgertshausen. Wir fahren

25 **Ainhofen**

ein Stück Richtung Hilgertshausen und biegen dann rechts ab über Kleinschwabhausen nach Ainhofen. An der Kirche vorbei, zur Jetzendorfer Str., radeln wir gegenüber weiter nach Fränking. Hier sehen wir links eine Kapelle und stoßen auf die Kreisstraße, der

29 **Weichs**

Jetzendorfer Str. Nun rechts radeln wir durch den Wald nach Weichs hinunter. Am Friedhof und den Sportplätzen vorbei, kommen wir im Ort an die Münchner Str. Schräg links gegenüber fahren wir in die Freiherrnstr. über die Glonn und dann rechts in der Cyclostr. über Siechhäusern nach Markt Indersdorf. Wir radeln auf das Kloster zu, halten uns links am Kloster vorbei

33,8 **S-Bahnhof Markt Indersdorf**

und gleich nach der Schule rechts in den Karpfhofer Weg über die Roth, dann links die Dorfstr. vor zur Dachauer Str. Kurz links zur Bahnlinie und rechts ab geht es zum S-Bahnhof.

12 Durch den Ebersberger Forst

Markt Schwaben - Forstinning - Forsthaus St. Hubertus - Anzing - Poing - Markt Schwaben

Länge: 41,4 km
Höhendifferenz: 77 m
Dauer: ca. 3,5 Stunden

Tourencharakter:
Von Markt Schwaben geht es hinauf in den Ebersberger Forst von 499 m bis auf 576 m. Den höchsten Punkt erreichen wir kurz nach dem Forsthaus St. Hubertus, auf halber Strecke. Von dort an geht es bergab zurück nach Markt Schwaben. Die halbe Weglänge führt durch den schattigen Ebersberger Forst.
Eine leichte Tour ohne nennenswerte Anstiege.

S-Bahnhof Markt Schwaben	Vom S-Bahnhof radeln wir die Bahnhofstr. links hinunter zur Bahnbrücke und rechts weiter Richtung Ortsmitte zur Herzog-Ludwig-Str. Hier biegen wir links ab und kommen zur Kirche. Nach der Kirche biegen wir rechts in die Schützenstr. und wieder rechts in den Schießstättenweg, dann links in die Loderergasse zur Walkstr. ein. Vorbei am Schützenheim geht es rechts durch den Wald zur Sempt und hinüber zur Wagmühle.
5,5 **Forstinning**	Wir nehmen rechts den Weg vor zur Straße und radeln auf der Graf-Sempt-Str. nach Forstinning hinein zur Kirche an der Mühldorfer Str. Nun rechts am Rathaus vorbei und geradeaus, der Hauptstraße folgend, in die Münchener Str. Vorbei am Tiermuseum biegen wir links in die Parkstr. ein und radeln Richtung Ebersberger Forst. Gleich nach dem Waldrand radeln wir links in das Rothsäuerl-Geräumt zum Kapellen-Geräumt.
12,4 **Gasthof Sauschütt**	Hier biegen wir rechts ein und nach 800 m links zum Gasthof Sauschütt. Auf dem Ludwig-Geräumt vor dem Forsthaus, fahren wir rechts zum Maueranger-Geräumt und wieder rechts zum Parkplatz an der Kreisstraße.
18,5 **Forsthaus St. Hubertus**	Hier führt uns das Hohenlindener-Grenzgeräumt zum Forsthaus St. Hubertus. Am Forsthaus radeln wir
22,4 **Forsthaus Diana**	geradeaus im Hohenlindener-Grenzgeräumt Richtung Antoni-Weiher. Am Herdgassen-Geräumt biegen wir rechts ab und nach 1,7 km links zum Forsthaus Diana.

Gasthäuser
Forstinning:
Wirtshaus Zum Hofkücherl, Sonnengasse 14a
im Ebersberger Forst:
Gasthof Sauschütt
Forsthaus St. Hubertus
Forsthaus Diana
Anzing:
Gasthof Alte Post, Hirner Str. 2
Gasthof Zum Kirchenwirt, Hoeger Str. 2
Markt Schwaben:
Gasthof Sonnblick, Neusatzer Str. 2

Sehenswertes
Ebersberger Forst
Der Ebersberger Forst, heute Landschaftsschutzgebiet, gehörte erst den Grafen von Sempt und anschließend bis 1803 dem Kloster Ebersberg. Ab 1817 wurde der Forst Wildpark eingezäunt und zum Hofjagdbezirk erklärt. Heute ist der holzwirtschaftlich genutzte Ebersberger Forst zu 80% Staatsforst, der Rest in Gemeinde- und Privatbesitz. Viele Rad- und Wanderwege erschließen den Forst und die bewirtschafteten Forsthäuser laden zum Verweilen ein. Der Aussichtsturm auf der Ludwigshöhe nördlich Ebersberg bietet einen herrlichen Rundblick über den Forst und die Kreisstadt Ebersberg

Mitten im Ort: Die Kirche in Forstinning.

Auf dem Reitöster-Geräumt verlassen wir das Forsthaus und biegen nach 3,2 km rechts ab, auf den Weg nach

32
Anzing

Anzing. Vorbei am Sportzentrum in der Eglhartinger Str. stoßen wir auf die Schwaigerstr., die uns rechts nach Obelfing führt. Links radeln wir die Parkstr. vor zur Ortsmitte und Richtung Autobahn. Gleich nach der Autobahnanschlussstelle biegen wir links in den Fahrweg nach Lindach ein. In Lindach links, gleich wieder rechts, queren wir das Poinger Holz und erreichen

37
Poing

Poing in der Lindacher Str. Wir biegen rechts in die Kampenwandstr. und in der Linkskurve wieder rechts in den Osterfeldweg zum Wildpark Poing ein. Entlang den S-Bahngleisen erreichen wir Markt Schwaben auf

41,4
S-Bahnhof Markt Schwaben

der Straße „Am Erlberg“. Nach dem Bauhof stoßen wir auf die Herzog-Ludwig-Str., queren sie und fahren in der Bahnhofstr. zum S-Bahnhof.

Sauschütt
Ehemalige Forstdienststelle, heute Waldgaststätte mit Biergarten und Kinderspielplatz. Empfehlenswert ist ein Spaziergang ums Wildgehege mit Rot- und Schwarzwild sowie auf dem Walderlebnispfad.

13 Am Speichersee

Markt Schwaben - Poing - Landsham - Eicherloh - Moosinning - Riexing - Ottenhofen - Markt Schwaben

Länge: 36,5 km
Höhendifferenz: 59 m
Dauer: ca. 2,5 Stunden

Tourencharakter:
Von Markt Schwaben radeln wir aus dem Tal der Sempt über die Anhöhe zum Speichersee und weiter abwärts nach Moosinning, auf 469 m Höhe an den Mittleren Isarkanal. Zurück geht es hinauf auf die Anhöhe auf 527 m, die die Schotterebene vom Tal der Sempt trennt.
Eine Radtour am Rande des Erdinger Mooses ohne nennenswerte Steigungen, aber auch ohne Wald.

S-Bahnhof Markt Schwaben

Auf der Bahnhofstr. beginnen wir die Radtour nach rechts zur Herzog-Ludwig-Str. an der Bahnbrücke. Gegenüber geht es weiter entlang der Bahnlinie in der Straße „Am Erlberg". Ihr folgen wir am Wildpark Poing vorbei, in den Osterfeldweg nach Poing.

4,3 **Poing**

An der Hauptstr. biegen wir rechts ab und radeln bis zum Endbachweg, dem wir nach rechts folgen. Nach der Bahnbrücke halten wir uns links vor zur Plieninger Str. Gegenüber fahren wir in die Gruber Str. und radeln Richtung S-Bahnhof Poing bis zur Kirchheimer Allee und biegen rechts ein. Weiter geht es zum Westring, biegen rechts ein nach Mitterfeld.

8,4 **Landsham**

Hier radeln wir links auf dem Mitterfeldweg nach Landsham hinein. In der Flurstr. fahren wir vor zur Kirchheimer Str., biegen rechts ab und radeln geradeaus zur Speicherseestr. nach Landsham Moos. Über den Speichersee erreichen wir das BMW-Versuchsgelände. Wir halten uns rechts, fahren über die Straße nach Neufinsing und halten uns halbrechts in den Almweg. An den Fischteichen vorbei, erreichen wir die Eicherloher Str. und biegen nach

15,8 **Eicherloh**

Eicherloh ab. An der Feuerwehr biegen wir rechts ab in die Moorkulturstr. In Oberneuchingermoos zweigen wir zwischen den Häusern, an der Bushaltestelle, nach links ab und halten uns rechts auf der Gfängbachstr. am Gfängbach entlang. Wir queren die Straße nach

Gasthäuser
Landsham:
Hotel Königer, Erdinger Str. 8
am Speichersee:
Finsinger Alm, Almweg 28
Eicherloh:
Gasthof Faltermaier, Torfstr. 10
Moosinning:
Gasthof Burger (Oberwirt), Kirchenstr. 8
Ottenhofen:
Schlossgaststätte, Erdinger Str. 8
Markt Schwaben:
Gasthof Sonnblick, Neusatzer Str. 2

Sehenswertes
Wildpark Poing
Greifvogelschau vom 1. Mai bis 1. Okt. Freitags keine Vorführung, ausgenommen Feiertage und Ferien. Vormittags beginnt die Vorführung um 10.30 Uhr, an Feiertagen und am Wochenende um 11 Uhr, und am Nachmittag jeweils um 15 Uhr. Die Show dauert ungefähr eine Stunde.

Speichersee
Gleich vor den Toren Münchens, und dennoch kaum bekannt: der Speichersee, erbaut 1929, einer der größten Stauseen Bayerns. Als Flussstausee ein „Zwitter" zwischen Fluss und See. Der See, eine technische Anlage zur Wasserkrafterzeugung, dient er zusammen mit den Abwasserfischteichen der Nachbehandlung des Münchner Abwassers. Der See hat sich, wegen seiner Abgeschiedenheit und guten Nahrungsgründe, zu einem Feuchtgebiet internationaler Bedeutung entwickelt. Er ist Vogelschutzgebiet und Europareservat, in dem Vögel aus ganz Europa im Sommer zur Mauser kommen.

Das Vogelschutzgebiet am Speichersee.

21,0 Moosinning
Niederneuching und radeln an Mooshäuseln vorbei auf dem Weg „Am Gfängbach" nach Moosinning. Am Freizeitgelände biegen wir rechts ab in die Einfangstr. und halten uns auf der Straße die erst „Zur Dorfen" und dann Urtelweg heißt. An der Neuchinger Str. fahren wir kurz links und dann rechts in die Andreas-Kaiser-Str.

25,9 Riexing
bis zur Kirche. Rechts radeln wir über die Mittlere Isar und später über die Staatsstraße nach Riexing. Im Ort radeln wir links über die neue Staatsstraße nach Hofsingelding. Auf der Riexinger Str. kommen wir an Hofsingelding und dem Abzweig zum S-Bahnhof St. Kolomann vorbei. Wir stoßen auf eine Straße, biegen rechts ab und radeln wieder über die neue Staatsstraße

33,1 Ottenhofen
nach Oberneuching. An der Kreisstraße biegen wir links ab nach Ottenhofen. Unter der Bahnbrücke hindurch radeln wir bis zur Kirche und biegen rechts ab in die Grashauser Str. Über die Bahnlinie hinweg, erreichen wir Grashausen. Links radeln wir Richtung Markt Schwaben über die Waldstr. zur Staudhamer Str. und

36,5 S-Bahnhof Markt Schwaben
weiter nach Markt Schwaben hinein. An der Finsinger Str. halten wir uns geradeaus zur Bahnbrücke. Nach der Brücke rechts, in die Bahnhofstr. und wir sind zurück am S-Bahnhof Markt Schwaben.

14 Durch das Tal der Sempt zum Erdinger Moos

Altenerding - Wörth - Ottenhofen - Oberneuching - Eicherloh - Moosinning - Altenerding

Länge: 35,5 km
Höhendifferenz: 62 m
Dauer: ca. 2,5 Stunden

Tourencharakter:
Vom S-Bahnhof Altenerding, 465 m, geht es aufwärts durch das Tal der Sempt, bis wir bei Holzhausen den höchsten Punkt mit 527 m erreichen. Über das Erdinger Moos geht es abwärts, bis wir hinter Moosinning nochmals eine kurze Steigung auf 490 m nehmen müssen. Zurück nach Altenerding geht es hinab bis auf 465 m. Eine leichte Tour ohne nennenswerte Anstiege aber auch ohne schattigen Wald.

S-Bahnhof Altenerding

Vom S-Bahnhof fahren wir vor zur Bahnhofstr. Hier links über die Bahngleise, bis wir rechts in die „Lange Feldstr.“ einbiegen. Auf ihr fahren wir stadtauswärts, am Kindergarten vorbei und unter der Bundesstraße hindurch. Wir erreichen die Aufhausener Str., biegen links ein, queren die Sempt und sehen schon die Kirche St.Georg in Pretzen. Die Singldinger Str. führt uns an St. Georg vorbei nach Singlding und weiter

7 **Wörth**

über Niederwörth bis nach Wörth. Wir bleiben auf der Ortsdurchfahrt Richtung Unterschwillach bis zur Keckmühle an der Schwillach. Kurz vor der Bahnbrücke biegen wir rechts ein, gleich links und wieder links, an

12 **Ottenhofen**

der Bahn entlang und dann rechts nach Ottenhofen. Auf der Schwillacher Str. fahren wir vor zur Kirche, nehmen rechts die Erdinger Str. und radeln bergauf Richtung Oberneuching. Auf halber Strecke fahren wir links nach Holzhausen und erreichen den höchsten

16 **Oberneuching**

Punkt der Tour. Wir bleiben auf der Ortsdurchfahrt und fahren in Oberneuching nun auf der St. Martin Str. An der Kirche biegen wir links ab auf die Eicherloher Str. und fahren auf ihr über Lüß bis nach Eicherloh, wo

22 **Eicherloh**

sie Mooskulturstr. heißt. In Eicherloh an der Feuerwehr halten wir uns rechts und fahren auf der Torfstr. Richtung Hinteres Finsingermoos. An der „Hinteren Moosstr.“ vorbei, biegen wir an der Ismaninger Str.

Gasthäuser
Ottenhofen:
Schlossgaststätte, Erdinger Str. 8
Erding am Stadtpark:
Restaurant Pointner Mühle,
Zur Pointner Mühle 40
Eicherloh:
Gasthof Faltermaier, Torfstr. 10
Moosinning:
Gasthof Daimerwirt, Erdinger Str. 40

Sehenswertes
Erdinger Weißbräu
Die Erdinger Weißbierbrauerei ist die größte Weißbierbrauerei weltweit. Sie wurde 1886 als erste Brauerei urkundlich erwähnt. Franz Brombach übernahm 1935 als Geschäftsführer die Brauerei und legte den Grundstein für den heutigen Erfolg. Den heutigen Namen erhielt die Brauerei 1949.

Therme Erding
Goldgräberstimmung herrschte in Erding als 1982 die Deutsche Texaco nach Öl bohrte. Aus 2360 m Tiefe förderte man allerdings nur „warmes Wasser“. Das „warme Wasser“ wurde aber als Gesundheitsquelle schnell entdeckt und ein Minithermalbad errichtet. Es dauerte aber noch bis 1999, als endlich die Therme Erding, das Südseeparadies vor den Toren Münchens, eröffnet wurde.

rechts ab, nach 0,4 km links in die Eicherloher Str., nach 0,5 km rechts, nach 0,3 km wieder rechts und nach 0,2 km links. Jetzt geradeaus zum Birkenringstadion, eine Grasrennbahn. Danach gleich links in die

29
Moosinning

Birkenstr. einbiegen und wieder rechts in die Fichtenstr. Nun geht es geradeaus nach Moosinning, am Freizeitgelände vorbei, geradeaus vor zur Ismaninger Str. Wir fahren Richtung Ortsmitte und halten uns aber links zur Erdinger Str. An der Kapelle St. Sebastian biegen wir links in die Freisinger Str. ein und folgen ihr bis zur Straße nach Kempfing. Hier rechts nach Kempfing, nochmals bergauf, über die Mittlere Isar (Kanal) und Stammham, über die Staatsstraße zur Therme Erding.

35,5
S-Bahnhof Altenerding

Hier links am Friedhof vorbei, auf der Straße „Am Wasserwerk“, erreichen wir wieder die Bahnhofstr. und den S-Bahnhof Altenerding.

Die Glaskuppel der Therme Erding kann ganz geöffnet werden.

15 Vom Tal der Sempt ins Isartal

Erding - Eichenkofen - Reichenkirchen - Zustorf - Isar - Freising

Länge: 37,6 km
Höhendifferenz: 42 m
Dauer: ca. 2,5 Stunden

S-Bahnhof Erding Los geht es am S-Bahnhof Erding. Wir fahren gegenüber, auf der Seite der Bushaltestellen, in die Geheimrat-Irl-Str., über die Sempt vor zur Friedrich-Fischer-Str. Nun rechts bis zur Kreuzung, kurz links nach wenigen Metern rechts in die Krankenhausstr. Rechter Hand fließt der Fehlbach. Wir folgen ihm in der Franz-Xaver-Stahl-Str. über den Kronthaler Weiher hinaus, bis rechts der Weg über den Fehlbach nach Langengeisling führt. Diesen nehmen wir. Am Kindergarten folgen wir der

6 **Eichenkofen** Fehlbachstr., queren die Sempt und fahren links auf der Pfarrer-Kehler-Str. über Altham nach Eichenkofen. Durch den Ort geht es vor zur Tittenkofener Str. Rechts führt uns die Tour nun nach Tittenkofen und weiter auf

10,5 **Reichenkirchen** der Staatsstraße „An der Erdinger Str." nach Reichenkirchen. Hier halten wir uns links und folgen der „Hauptstraße" bis vor zur Kirche. Weiter fahren wir links Richtung Fraunberg und nehmen in der Rechtskurve links den Fahrweg nach Felben. An der Fahrwegkreuzung fahren wir links Richtung Berglern bis zum Sellmayerhof, hier rechts und durch den Manhartshof zur Straße Wartenberg-Berglern. Wir biegen links ab

16,0 **Manhartsdorf** Richtung Berglern und kommen nach 0,7 km nach Manhartsdorf. Nun geht es rechts am Gasthof vorbei,

19 **Zustorf** über den Isarkanal zum Thenner See. Am Ende des Sees biegen wir links ab nach Zustorf. Im Ort stoßen

Gasthäuser
Erding:
Gasthof Zur Post, Friedrich-Fischer-Str. 6
Manhartsdorf:
Schweiger's Landhotel, Manhartsdorf 2-4
Freising:
Furtner Bräu, Obere Hauptstr. 42
Gasthaus Grüner Hof, Erdinger Str. 42

Sehenswertes
Weihenstephan
Die erste geschichtliche Erwähnung von Hopfen in Weihenstephan geht auf das Jahr 768 zurück. Es gab zu dieser Zeit einen Hopfengarten in der Nähe des Klosters Weihenstephan, dessen Besitzer dem Kloster zehntpflichtig war. Die Vermutung liegt nahe, dass dieser Hopfen im Kloster verbraut wurde. 1040 ging es in Weihenstephan offiziell mit dem Bierbrauen los. In diesem Jahr gelang es Abt Arnold, der Stadt Freising das Brau- und Schankrecht abzuluchsen. Das war die Geburtsstunde der Klosterbrauerei Weihenstephan. Was all die Katastrophen in der gut tausendjährigen Geschichte des Klosters Weihenstephan nicht vermochten, wurde am 24. März 1803 durch einen Federstrich vollzogen: seine Auflösung. 1852 zog die landwirtschaftliche Zentralschule von Schleißheim nach Weihenstephan und mit ihr die bayerischen Brauschüler.

Tourencharakter:
Vom S-Bahnhof Erding, 464 m, radeln wir abwärts über das Erdinger Moos auf 422 m zur Isar. Ihr folgend, steigt das Gelände bis nach Freising auf 445 m an.
Eine leichte Tour mit wenig Steigung, am Anfang ohne Schatten, an der Isar durch den schattigen Auenwald.

wir auf die „Obere Römerstr." und biegen nach links Richtung Berglern ab. Kurz nach dem Ortsausgang stoßen wir auf die Straße nach Moosburg. Wir fahren aber links weiter Richtung Berglern und biegen nach ca. 1 km rechts über den Sempt Flutkanal und der Autobahn Richtung Langenbach ab. Kurz vor Gaden geht es

26,7 **Isar**

wieder rechts und über die Isar. Weiter bis zum Waldrand vor Oberhummel, dann links den Waldweg hinunter zur Isar. Unten halten wir uns rechts und radeln durch die Isarauen, der Isar flussaufwärts folgend, an Hangenham und Rudlfing vorbei, durch die Isarbrücken bei Marzling bis nach Freising. Hier stoßen wir auf die Sportplätze der Luitpold-Anlagen, fahren an diesen vorbei unter der Straßenbrücke hindurch, an der

37,5 **S-Bahnhof Freising**

Isar entlang, noch unter der Brücke der Erdinger Str. hindurch und dann rechts über den P+R-Platz zum S-Bahnhof.

Der Tourabschluss in Freising

16 Auf dem Ammer-Amper-Radweg durch das Tal der Amper

Olching - Dachau/Mitterndorf - Dachau/Etzenhausen - Ampermoching - Haimhausen - Fahrenzhausen - Günzenhausen - Eching

Länge: 39,2 km
Höhendifferenz: 50 m
Dauer: ca. 3 Stunden

S-Bahnhof Olching

Wir radeln die Bahnhofstr. rechts hinunter zur Hauptstr. Rechts durch die Brücke kommen wir in die Feursstr. und folgen ihr bis links die Donaustr. abzweigt. Wir fahren in ihr aus Olching hinaus, am Mühlbach und der Amper entlang, nach Geiselbullach. Hier rechts in die Schulstr. bis zum Marienweg und links durch das Gut Graßlfing, über die Autobahn zum J.-Kistler-Weg Richtung Kleiner Ampersee. An der Wehrstr. vor der Kläranlage biegen wir rechts ab und fahren auf die Amper zu. Die Straße nach Feldgeding überqueren wir und fahren geradeaus unter der Bundesstraßenbrücke hindurch, nun rechts entlang der Bundesstraße und folgen dem Weg um das Wäldchen herum, links vor zur Eschenrieder Str. Rechts sehen wir die Häuser an der Straße „Am Kalterbach", fahren in die Straße hinein und radeln nach den Häusern links an der Amper entlang zur Brücke nach Mitterndorf. Wir radeln über die Amper, nach der Brücke rechts entlang der Amper über die Ludwig-Dill-Str. in den Weg „Am Kalkberg", der in die Brunnengartenstr. übergeht. Am Ende der Straße fahren wir rechts über die Amperbrücke und biegen dann links in die Schleißheimer Str. ein. Vor der Bahnbrücke radeln wir links in die M.-Huber-Str. und fahren vor der Amper rechts in den Amperweg und weiter entlang der Amper bis zur Erich-Ollenhauer-Str.

10,5 Dachau/Mitterndorf

Gasthäuser
Olching:
Speisemeisterei, Feursstr. 89
am Kleinen Ampersee:
Restaurant Seegarten, am Campingplatz
Neuhimmelreich:
Alte Liebe an der Amper, Im Lus 4
Hebertshausen am Sportgelände:
Sportgaststätte SV Hebertshausen
Fahrenzhausen: Gasthaus Alter Wirt, Dorfstr. 1
Eching: Gasthof Huberwirt, Untere Hauptstr. 1

Tourencharakter:
Von Olching, 500 m, radeln wir die Amper flussabwärts, den Höhenzug links und das Dachauer Moos rechts, über Dachau bis nach Fahrenzhausen, auf 454 m Höhe. Der Höhenzug zwischen Amper und Moosach vor Eching fordert noch mal alle Kraft ab, denn es geht hoch auf 504 m.
Eine sonst leichte Tour auf dem Ammer-Amper-Radweg mit dem sportlichen Highlight bei Hörenzhausen.

Sehenswertes
Die Maler in Dachau
Gegen Mitte des 19. Jahrhundert entdeckten die Maler Dachau. Sie wollten heraus aus den Ateliers. Fasziniert von der Moorlandschaft mit ihren Farbnuancen und Lichtstimmungen malten Sie ihre Motive unter freiem Himmel. Der Höhepunkt Dachaus als Künstlerort war von 1890 bis 1914.

Links über die Amper, biegen wir rechts in die Veltenstr. ein und radeln entlang der Bahn in der Anton-Burgmaier-Str. bis zur „Alte Römerstr.", der wir nach Dachau-Ost folgen. Wir fahren über die Amperbrücke, gleich

21 **Ampermoching**

links entlang der Amper bis zur Brücke an der Straße nach Ampermoching. Wir fahren nach Ampermoching und biegen an der Grießlstr. rechts zu den Tennisplätzen ab. Geradeaus, am Ortsrand entlang, dann

26,5 **Haimhausen**

rechts, radeln wir Richtung Amperauen. Der Weg führt uns am Badeweiher vorbei nach Haimhausen. Wir stoßen auf die Straße nach Haimhausen, fahren rechts,

31 **Fahrenzhausen**

dann links, weiter auf dem Ammer-Amper-Radweg, an Oberndorf vorbei, nach Fahrenzhausen. Vor dem Ort rechts, dann links, gelangen wir in die St.-Christoph-Str. und zur B13. Hier biegen wir rechts ab und fahren auf dem Radweg nach Großnöbach. An der Römerstr. vorbei, fahren wir bis zur Birkenstr., biegen links ein und fahren gleich rechts in die Buchenstr. durch das

36 **Günzenhausen**

Wäldchen nach Hörenzhausen. Im Ort rechts, radeln wir nach Günzenhausen. An der Poststr. rechts, dann geradeaus in die Bergstr. nach Eching. Von der Straße

39,2 **S-Bahnhof Eching**

radeln wir rechts in den Weg „Am Forellenbach" und über die Autobahn, nun in der Günzenhausener Str., zum S-Bahnhof.

17 Rund ums Bergkirchener Moos

Olching - Überacker - Palsweis - Puchschlagen - Günding - Eschenried - Olching

Länge: 38,5 km
Höhendifferenz: 70 m
Dauer: ca. 3 Stunden

Tourencharakter:
Von Olching, 500 m, radeln wir durch das Palsweiser Moos hinauf in das Stuhlholz auf 555 m. Über Puchschlagen, bergauf und bergab, führt uns die Radtour über den Bergrücken nach Günding ins Ampertal, auf 485 m hinunter und durch das Dachauer Moos nach Olching zurück.
Eine Tour mit kräftigen Anstiegen und Abfahrten im Dachauer Hügelland und ebenen Abschnitten in den Moosen.

S-Bahnhof Olching

Vor dem S-Bahnhof nehmen wir rechts die Bahnhofstr. zur Hauptstr. Weiter geradeaus, der Bahnlinie entlang, radeln wir in der Richard-Wagner-Str. über die Amper und gleich rechts unter der Brücke hindurch in den Amperweg. An der Dachauer Str. in Neuesting kurz links, dann rechts in die Palsweiser Str., biegen wir nach der Bundesstraßenbrücke links ab in die Neusiedlerstr. Am Wäldchen fahren wir rechts in die Moosalmstr.

7 Überacker

Nach den Häusern biegen wir links ab über Kühmoos nach Überacker. In der Moosstr. stoßen wir am Sportplatz auf die Bergstr. und biegen rechts zur Ortsmitte

11 Palsweis

ab. Wir bleiben auf der Ortsdurchfahrt und radeln über Fußberg und Thal nach Palsweis. In Palsweis halten wir uns links zur Lauterbacher Str. und wieder links nach Lauterbach. In der Ortsmitte, an der Prieler Str., kurz links, kurz rechts in die Forststr. Auf ihr gelangen wir zur Weiherstr. in die wir rechts einbiegen und ins Stuhlholz hinauf fahren. Am Waldrand entlang, macht der Weg eine scharfe Rechtskurve zur Straße nach

20 Puchschlagen

Machtenstein. An der Straße links, dann in Machtenstein rechts, radeln wir nach Puchschlagen. In Puchschlagen nun rechts in die Bacherner Str. nach Oberbachern. Hier radeln wir an der Kirche und am S-Bahnhof vorbei

26 Günding

nach Unterbachern. Wir folgen der Ludwig-Thoma-Str. und biegen rechts ab nach Günding hinunter. Im Ort

Gasthäuser
im Palsweiser Moos:
Moosalm, Moosalmstr. 7
Oberbachern:
Wirtshaus Oberbachern, Dorfstr. 53
Günding:
Gasthof Feldl, Hauptstr. 7A
Eschenried:
Gaststätte Kreuzhof, Münchner Str. 40
Graßlfing:
Gast-und Tafernwirtschaft
Zum Haderecker, Allacher Str. 67
am Olchinger See:
Olchinger Seeschänke, Ascherbacher Str. 85

Speisen mit Blick auf die Kirche in Oberbachern.

Sehenswertes
Landschaftsraum Ampertal
Die Amper zählt zu den größeren Flüssen der Region. Sie zeigt in ihrem Weg vereinzelt noch ursprüngliche, naturnahe Züge und wird nahezu auf ihrem gesamten Lauf von Au- und Bruchwäldern sowie Streuwiesen begleitet. Das international bedeutsame Feuchtgebiet der oberen Amper ist ein wichtiger Rückzugsraum für Tiere und Pflanzen. Die teilweise den Fluss begleitenden, mit Mischwald bewachsenen Steilhänge sind charakteristische, den Landschaftsraum besonders prägende Landschaftselemente. Das Palsweiser Moos ist ein typisches intaktes Flachmoor und daher Landschaftsschutzgebiet. Buschwald und Birkenwälder wechseln sich mit Torfstich und Torfhütten ab. Kiebitz, Brachvogel und Schnepfe lassen sich hier noch öfters beobachten.

fahren wir weiter bergab über die Hauptstr. in die St.-Vitus-Str. zur Bruckerstr. Wir fahren weiter hinunter zur Amper in die Kanalstr., die dann in die Eschenrieder Str. übergeht. Weiter geradeaus über die B471 kommen wir nach Eschenried. An der Münchner Str. fahren wir rechts, an der Kirche vorbei, bis zur Straße „Am Kurfürstenweg". Hier nun wieder rechts Richtung Graßlfing. Nach dem wir die Straße „Beim Himmelreich" passiert haben, biegen wir links in den Dietschweg ab zur Autobahn, fahren links in die Seestr. dann rechts über die Autobahn. An der Gröbenzeller Str. links, vor der Bahn rechts, radeln wir in der Reiterstr. durch das Wäldchen, dann links auf den Olchinger See zu. Wir halten uns geradeaus zur Neufeldstr. und fahren auf ihr bis zur Max-Reger-Str. Nun links bis an die Gleise, hier rechts in die Daxerstr. bis zur Blumenstr., wieder links unter den Gleisen hindurch und rechts in die Bahnhofstr. erreichen wir den S-Bahnhof.

31
Eschenried

38,5
S-Bahnhof Olching

Die Birkenallee, ein Merkmal für das Moor, führt zur Kirche in Puchschlagen.

18 Auf dem Königsgeräumt durch den Höhenkirchener Forst

Vaterstetten - Oberpframmern - Egmating - Aying -Grasbrunn - Vaterstetten

Länge: 35,3 km
Höhendifferenz: 79 m
Dauer: ca. 3 Stunden

Tourencharakter:
Von Vaterstetten, 547 m, haben wir einen ruhigen Anstieg nach Oberpframmern, dann hinunter nach Tal und wieder hinauf nach Egmating in den Egmatinger Forst zum höchsten Punkt der Tour mit 626 m. Von Aying aus geht es durch den Höhenkirchener Forst stetig bergab zurück nach Vaterstetten.
Eine leichte Tour durch schattige Forste.

S-Bahnhof Vaterstetten

Wir fahren vom S-Bahnhof links zur Bahnhofstr. Hier nun rechts vor, am Techno-Park vorbei, zur Wasserburger Landstr. Wir radeln links durch die Unterführung, weiter auf dem Grasbrunner Weg, links in die Saarlandstr., am Rathaus vorbei, zur Gartenstr. Nun links und gleich wieder rechts in Straße „Neue Heimat". Der Straße folgen wir in den Wald hinein bis nach Möschenfeld. Kurz vor der Kreisstraße biegen wir links in den Mühlweg ein, queren die Straße nach Harthausen-Zorneding und nehmen den rechten Fahrweg durch das Herrnholz nach Wolfersberg. Von hier geht es rechts auf der Staatsstraße nach Oberpframmern.

12 **Oberpframmern**

Im Ort biegen wir von der Zornedinger Str. links in die Münchner Str. ein. Geradeaus wechseln wir in die Egmatinger Str. und fahren nach Egmating.

14 **Egmating**

In Egmating fahren wir auf den Golfplatz zu, nehmen davor rechts die Glonner Str., links die Schlossstr, am Schloss vorbei, nach Aying.

18 **Aying**

Am Ortsanfang fahren wir rechts in die Untere Dorfstr. Richtung Brauerei. Vor der Brauerei, am Siegertsbrunner Weg, biegen wir rechts ab, halten uns links, erreichen bald den Wald, fahren am Pumpwerk vorbei und stoßen auf das Dürrnhaarer Geräumt. Geradeaus hinüber fahren wir auf dem Königsgeräumt weiter über die Straße nach Egmating, dem Siegertsbrunner Geräumt, zur Straße nach Harthausen. Auch

Gasthäuser
Oberpframmern:
Landgasthof Neuwirt, Egmatinger Str. 2
Egmating:
Gasthof Wallner, Schlossstr. 30
Schlosswirtschaft, Schlossstr. 15
Aying:
Brauereigasthof, Zornedinger Str. 2
Almhof, Bartenstr. 15
Liebhards Braustüberl, Münchener Str. 2
Grasbrunn:
Gasthof Grasbrunner Hof, St.-Ulrich-Platz 1

Sehenswertes
Tavern Ayingen
Bevor Bayern das Bierland Nr. 1 wurde, hielt Ägypten diesen Titel. Wie sonst hätten sie die Pyramiden bauen können! 1385 verlieh Stephan, Herzog in Bayern, Hans dem Ayinger das Niedergericht und die Tavern Ayingen. Das Wort Taverne kommt von dem römischen Taverna und bedeutet Ort der Gastlichkeit. Dies ist der älteste überlieferte Nachweis über eine Gaststätte in Aying. Also 131 Jahre vor dem Erlass des Bayerischen Reinheitsgebotes durch den Bayernherzog Wilhelm IV. im Jahre 1516, steht in Aying ein Wirtshaus in dem Bier ausgeschenkt wird. Seit 1800 ist die Familie Liebhard hier ansässig. Johann Liebhard, der Urgroßvater des heutigen Bräu Franz Inselkammer, gründete 1878 die Brauerei.

Ein Ziel der Tour: Der Brauereigasthof in Aying.

hier geht es über die Straße, fahren aber kurz links in den Weg und dann wieder rechts weiter auf dem Königsgeräumt. Am Ende des Weges biegen wir rechts

31
Grasbrunn

ab und radeln vor zur Staatsstraße. Wir halten uns nach links und an der Kapelle rechts nach Grasbrunn. Am Bauhof vorbei kommen wir zur Ortsmitte. Geradeaus weiter radeln wir in die Gramanstr. Hinter der Springerstr. halten wir uns rechts zum Waldsportplatz und Friedhof. In Neukeferloh biegen wir links ab in die Straße „Zum Friedhof" und radeln geradeaus am Waldrand entlang in der Leonhard-Stadler-Str. zum Grasbrunner Weg.

35,3
S-Bahnhof Vaterstetten

Hier radeln wir rechts zur Wasserburger Landstr., nehmen die Unterführung und fahren auf der Bahnhofstr. zur S-Bahn und links zum S-Bahnhof.

Die Ortsmitte von Grasbrunn.

19 Zu den Wildschweinen in den Ebersberger Forst

Baldham - Ingelsberg - Forsthaus Diana - Forsthaus St. Hubertus - Purfing - Parsdorf - Vaterstetten - Baldham

Länge: 33,5 km
Höhendifferenz: 54 m
Dauer: ca. 2,5 Stunden

Tourencharakter:
Wir verlassen Baldham in 550 m Höhe und radeln über Ingelsberg, immer leicht bergan, in den Ebersberger Forst bis zum Forsthaus St. Hubertus. Hier wenden wir uns Richtung Anzing und radeln hinunter aus dem Forst hinaus. Über Parsdorf geht es nun leicht bergan zurück nach Baldham.
Eine leichte Tour durch den an Wild reichen und schattigen Ebersberger Forst.

S-Bahnhof Baldham
Wir verlassen den S-Bahnhof Richtung Parkplatz an der Schwalbenstr. An der Finkenstr. rechts erreichen wir die Karl-Böhm-Str. Auf ihr radeln wir links unter der Brücke hindurch bis zum Hasenweg. Rechts geht

3,6 **Ingelsberg**
es weiter, nun aus dem Ort hinaus, bergan nach Ingelsberg. Im Bergweg radeln wir am Weiher vorbei und stoßen auf die Kreuzstr. Hier biegen wir rechts und gleich wieder links ab zur Staatsstraße. Gegenüber nehmen wir den Waldweg, geradeaus, halten uns links in den Wald hinein und folgen dem Reitöster-Geräumt.

9,6 **Forsthaus Diana**
Auf ihm radeln wir nun immer geradeaus, am Blauen Stein vorbei, zur Köhlerei und zum Forsthaus Diana. Wir biegen hinter dem Forsthaus links ab in das Töring-Geräumt und am Herdgassen-Geräumt rechts.

13,5 **Forsthaus St. Hubertus**
Am Hohenlindener-Grenzgeräumt radeln wir nun links und geradeaus auf das Forsthaus St. Hubertus zu. Vor dem Forsthaus links, setzen wir die Tour fort zur Anzinger Str., halten uns rechts Richtung Anzing und radeln bis zum Schwaberweger-Hauptgeräumt. Hier biegen wir links ab zum Hirsch-Geräumt. Nun nach

23,1 **Purfing**
rechts, radeln wir bis nach Purfing. Am Waldrand rechts, dann links, erreichen wir Purfing in der Parkstr. An der Wolfesinger Str. biegen wir links ab, dann halbrechts weiter in der Parsdorfer Str. bis zum Waldrand des „Hartholzes“. Hier halten wir uns schräg

Gasthäuser
im Ebersberger Forst:
Forsthaus Diana
Forsthaus St. Hubertus
Purfing:
Gasthof Huber, Neufarner Str. 20
Parsdorf:
Gasthof Zur Alten Post, Dorfplatz 3
Vaterstetten:
Restaurant Alter Hof, Fasanenstr. 4

Sehenswertes
Die Geräumte in den Forsten
Die schachbrettartige Einteilung des Ebersberger Forstes in „Geräumte" (Quadrate von ca. 400 x 400 m) entstand in der zweiten Hälfte des 18. Jahrhunderts. Damals bemühte man sich, die stark heruntergewirtschafteten, ertragsarmen Laubwälder durch eine geregelte Forstwirtschaft mit Nadelhölzern zu ersetzen. Voraussetzung dafür war eine Vermessung und Neueinteilung der großen Forste um München. Das durch die „Geräumte" neu geschaffene Wegegitternetz wurde mit Namen versehen. Diese stehen in Bezug zu Ortsnamen, Wild- und Jagdbetrieb, Denkmäler, Namen aus dem bayerischen Herrscherhaus oder zu Ehren verdienter Forstleute und sind heute noch zu erkennen.

Forsthaus Diana mit Schießsportanlage. Ehemalige Forstdienststelle, heute Köhlerei mit Grillplatz und Brotzeitstation.

Forsthaus St. Hubertus. Ehemalige Forstdienststelle, heute Waldgaststätte mit Biergarten und Kinderspielplatz.

27,4
Parsdorf

rechts in den Wald hinein nach Parsdorf. Wir kommen in Purfinger Str. an der Schule vorbei, fahren an der Neufarner Str. links, vor zur Gruber Str. und biegen hier noch einmal links ab Richtung Hergolding. Von der Hergoldinger Str. zweigt rechts der Vaterstettener Weg ab, der uns über die Kreisstraße hinweg nach Vaterstetten bringt. Hier heißt der Weg nun Parsdorfer Weg.

31,0
Vaterstetten

An der Dorfstr. links, radeln wir weiter bis zur Carl-Orff-Str. Wir biegen ein und radeln bis zur J.-S.-Bach-Str. am Sportgelände. Kurz nach rechts und gleich links in die H.-Marschner-Str. und wir erreichen die Karl-Böhm-Str. Hier biegen wir rechts ein und erreichen wieder den S-Bahnhof Baldham.

33,5
S-Bahnhof Baldham

20 Zu den Badeseen im Münchner Osten

Eglharting - Moosach - Kastenseeon - Aying - Egmating - Oberpframmern - Buch - Eglharting

Länge: 33,9 km
Höhendifferenz: 131 m
Dauer: ca. 2,5 Stunden

Tourencharakter:
Von Eglharting, 563 m, geht es stetig bergauf, dann hinunter ins Moosachtal auf 520 m, dem tiefsten Punkt der Tour. Von hier aus geht es lange bergauf in den Egmatinger Forst auf 651 m. Über Aying führt die Tour bergab zurück nach Eglharting.
Eine Tour durch Wälder und über Felder mit kräftigen Anstiegen und langen Abfahrten.

S-Bahnhof Eglharting

Vom Bahnhof fahren wir hinunter zur Hauptstr. Hier halten wir uns rechts Richtung Zorneding und biegen dann links in die Bucher Str. ein. Wir folgen der Bucher Str. ins Eglhartinger Holz nach Buch. In Buch treffen wir auf die Zornedinger Str. und fahren nach links auf ihr, am Schartlhof und an der Wallfahrtskirche St. Maria Altenburg vorbei, nach Moosach hinunter.

7 **Moosach**

Von der Münchner Str. biegen wir rechts in die Glonner Str. ein, fahren auswärts und dann rechts zum Steinsee hinauf. Vorbei am Freibad und Forsthaus, biegen wir links ab nach Niederseeon. Weiter radeln wir nach Schlacht. An der Kapelle in Schlacht verlassen wir die Staatsstraße und halten uns rechts auf der Straße nach Kastenseeon.

13 **Kastenseeon**

Im Ort, an der Kreisstraße, biegen wir links ab. Am Freibad vorbei nehmen wir nach dem See rechts den Waldweg nach Lindach. Der Weg trifft auf eine schmale Straße, der wir rechts folgen, vor nach Lindach. Hier treffen wir auf die Straße Münster-Egmating und fahren geradeaus in den Wald hinein nach Aying.

19 **Aying**

Nach 0,2 km im Wald müssen wir rechts abbiegen. An der Kapelle vorbei, kommen wir auf dem Lindacher Weg nach Aying hinein. Wir nehmen nun rechts die Zornedinger Str. nach Egmating.

23 **Egmating**

Durch Egmating fahren wir auf der Schlossstr., am Schloss und am Golfplatz vorbei, rechts in die Glonner Str. und gleich wieder links in

Gasthäuser
Moosach:
Gasthof Neuwirt, Kirchplatz 1
am Steinsee:
Gaststätte Am Steinsee
am Kastenseeoner See:
Café-Restaurant Am Kastensee
Aying:
Kastanienhof, Bahnhofstr. 34
Liebhards Braustüberl, Münchener Str. 2
Egmating:
Hotel-Restaurant Tannenhof, Apostelweg 27
Gasthof Wallner, Schlossstr. 2
Oberpframmern:
Landgasthof Neuwirt, Egmatinger Str. 2
Eglharting:
Gasthof Hamberger, Anzinger Str. 1

Sehenswertes
Der Steinsee
Mit 21 ha ist er der zweitgrößte See des Landkreises Ebersberg. Die Ufer sind größtenteils geschützt und seit vielen Jahren schon mittels Zäunen für die Allgemeinheit gesperrt. Der jod- und radiumhaltige See wird von Quellwasser gespeist und ist deshalb besonders sauber. Der kleine, maximal 25 m tiefe Moränensee war in der letzten Eiszeit ein „Toteiskessel". Heute ist er einer der wärmsten Badeseen der Region, der im Sommer schon einmal bis zu 30 Grad warm werden kann.

Der Steinsee lädt zum Baden ein.

Der Kastensee
oder Kastenseeoner See ist mit 300 m x 400 m viel kleiner. Idyllisch liegt er umgeben von Bäumen im NSG Schwingmoor und lädt zum Baden ein.
Die Attraktion ist das Wasserskikarussel.

25 **Oberpframmern** — die Oberpframmerner Str. nach Oberpframmern. Auf der Egmatinger Str., in der Ortsmitte, kommen wir an der Glonner Str. vorbei und halten uns dahinter rechts in die Zornedinger Str. Nach wenigen Metern radeln wir rechts in die Dorfstr. und folgen ihr bis zum Buchenweg, der links abzweigt. Wir biegen ein, fahren

31 **Buch** — aus dem Ort hinaus, rechtshaltend auf den Wald zu, hinter dem Buch liegt. Nach Buch hinein kommen wir auf der Pframmerer Str. Vorn, an der Zornedinger Str. geht es nun links, nach wenigen Metern rechts in die Eglhartinger Str. durch das Eglhartinger Holz, nun wieder auf der Bucher Str. nach Eglharting bis zur

33,9 **S-Bahnhof Eglharting** — Ortsmitte. An der Hauptstr. der B304, rechts Richtung Kirchseeon und vor der Bahnbrücke links, geht es hinauf zum S-Bahnhof.

Die 13. Station des Kreuzweges vor der Wallfahrtskirche St. Maria Altenburg.

21 Im alten „Holzland“, wo die Kohlenmeiler rauchten.

Kirchseeon - Taglaching - Alxing -
Oberelkofen - Grafing Bahnhof - Osterseeon -
Egglsee - Forsthaus St. Hubertus - Kirchseeon

Länge: 36,3 km
Höhendifferenz: 94 m
Dauer: ca. 3 Stunden

Tourencharakter:
Von Kirchseeon, 560 m, radeln wir über den Höhenrücken nach Taglaching hinunter ins Urtelbachtal. Über Alxing nehmen wir den nächsten Höhenzug, ehe wir an der Burg Unterelkofen mit 505 m den tiefsten Punkt der Tour erreichen. Nun aufwärts zum Egglburger See, der Ludwigshöhe, 590 m, durch den schattigen Ebersberger Forst zurück nach Kirchseeon.
Eine Tour für kräftige Beine, aber mit schönen Ausblicken.

S-Bahnhof Kirchseeon Vom Bahnhofsplatz lenken wir unser Rad nach rechts in die Wasserburger Str. und wieder rechts über die Brücke in die Moosacher Str. Auf ihr geht es durch den Wald Richtung Fürmoosen. Vor Fürmoosen biegen wir links ab und fahren in den Ort. Dort halten wir uns
5 links, passieren das Seeoner Holz und gelangen nach
Taglaching Taglaching. Geradeaus durch den Ort geht es nach
7 Pienzenau und weiter geradeaus gelangen wir hinauf
Alxing nach Alxing. Auf der Lindenstr. fahren wir durch den
10 Ort, auf die Straße nach Aßling, bis kurz vor Hüttel-
Oberelkofen kofen. Jetzt geht es links ab nach Oberelkofen. Hier stoßen wir auf die Oberelkofener Str., fahren links auf die Bahnbrücke zu und dahinter gleich rechts auf die kleine Straße hinunter nach Unterelkofen mit der Burg. An der Rechtskurve vor Unterelkoven biegen wir links ab und fahren nach Bachhäusl, über die Staatsstraße nach Haidling. Wir halten uns rechts, fahren zwischen den Häusern durch, dann links nach Schammach. Hier,
14,5 an der Bahnbrücke queren wir die Brucker Str. und
Grafing Bahnhof den Urtelbach, fahren rechts über die Gleise, dann links in die Hauptstr., am S-Bahnhof Grafing Bahnhof vorbei nach Nettelkofen. Hier geht es an der Kirche links, am Ortsende wieder links Richtung Osterseeon.
18 Vor Osterseeon in Pötting, führt unsere Tour rechts
Osterseeon vor zur Staatsstraße. Wir fahren Richtung Grafing und

Gasthäuser
Taglaching:
Wirtshaus Taglaching, Oberdorf 2
Alxing:
Landgasthof Bruck, Alxing 14
Unterelkofen:
Schlosswirtschaft, an der Burg
Asslkofen:
Landgasthof Kugleralm, Asslkofen 4
im Ebersberger Forst:
Forsthaus Diana
Forsthaus St. Hubertus
Kirchseeon: Brückenwirt, An der Brücke 4

Sehenswertes
Die Ludwigshöhe
Die Ludwigshöhe mit dem 36 Meter hohen Aussichtsturm bietet einen herrlichem Rundblick über den Forst und die Stadt Ebersberg. Im Museum „Wald und Umwelt" sind Holzmustersammlungen und die Holzbibliothek zu besichtigen. Es befindet sich bei der Ebersberger Alm, am Fuße der Ludwigshöhe.

Ein Orientierungspunkt in der Landschaft ist die Kirche in Alxing.

Der Aussichtsturm mit herrlichem Rundblick.

biegen hinter Reitgeising links ab nach Hörmannsdorf und Asslkofen. An der Kapelle in Asslkofen fahren

22
Egglsee

wir links in die Asslkofener Str., queren die Münchener Str., die B304 und fahren hinauf nach Egglsee und zum Egglburger See. Richtung Villa Hubertus biegen wir rechts ab, dann wieder rechts in die Straße „Am Priel" und fahren auf ihr wieder abwärts zum Bad am Klostersee. Nun geht es links die Schwabener Str. hinauf und links ab zum Aussichtsturm auf der Ludwigshöhe. Weiter fahren wir die Schwabener Str. hinauf zum Gewerbepark und biegen links ab zu den Sportanlagen und zum TÜV. Wir biegen links in die Anzinger

30
Forsthaus St. Hubertus

Str. ein und radeln nun in den Ebersberger Forst zum Forsthaus St. Hubertus. Von der Anzinger Str. geht es rechts zum Forsthaus, wir fahren links in das Hohenlindener-Grenzgeräumt bergauf, dann rechts in das Herdgassen-Geräumt. Am Töring-Geräumt fahren wir links zum Forsthaus Diana. Geradeaus, immer noch auf dem Töring-Geräumt, erreichen wir Kirchseeon am

36,3
S-Bahnhof Kirchseeon

Waldfriedhof. Wir queren die B304 zur Hochriesstr., nehmen rechts den Kirchenweg zum Marktplatz und fahren links vor zum S-Bahnhof.

22 Durch die Täler, auf die Höhen

Grafing Bahnhof - Moosach - Glonn - Münster - Schlacht - Moosach - Grafing Bahnhof

Länge: 32,5 km
Höhendifferenz: 108 m
Dauer: ca. 2,5 Stunden

Tourencharakter:
Von Grafing Bahnhof, 545 m, geht es bergab ins Tal der Moosach, dann leicht bergauf durch das Doblbachtal. Hinter Glonn geht es kräftig bergauf und zwischen Münster und Kastenseeon erreichen wir mit 622 m den höchsten Abschnitt der Tour. Über Moosach zurück nach Grafing Bahnhof geht es stetig bergab. Eine abwechslungsreiche Tour, die es teilweise aber in sich hat.

S-Bahnhof Grafing Bahnhof

Vom S-Bahnhof aus fahren wir rechts die Hauptstr. hinunter und wieder rechts durch die Bahnbrücke nach Taglaching. Wir bleiben nun auf der Staatsstraße bis zum Abzweig nach Baumhau und Falkenberg. Wir fahren auf den Bauernhof zu, halten uns links und folgen der Ortsdurchfahrt zur Grafinger Str. Ihr folgen

6,0 **Moosach**

wir rechts nach Moosach, bis in die Ortsmitte zum Kirchplatz. Nun geht es links in die Glonner Str. durch das Doblbachtal. Wir bleiben im Tal und nehmen dann die Straße rechts hinauf nach Adling. Über Adling

12,0 **Glonn**

erreichen wir Glonn in der Lena-Christ-Str. In der Ortsmitte halten wir uns links, queren die Prof.-Lebsche-Str. und fahren über die Glonn auf der Feldkirchener Str. Zu unserer Rechten fließt der Kupferbach. Dem folgen wir und nehmen dann rechts die Reisenthalstr. bis nach Reisenthal. In Reisenthal biegen wir rechts ab und

16,8 **Münster**

halten uns nach dem Hof erneut rechts nach Münster. Jetzt geht es kräftig bergauf. In Münster halten wir uns rechts auf der Killistr. Richtung Glonn, fahren links durch Kreuz und an der Kreisstraße wieder links am Kastenseeoner See vorbei nach Kastenseeon. Vor

21,9 **Schlacht**

der Kirche nehmen wir rechts die Straße nach Schlacht. In Schlacht halten wir uns links und am Ortsende rechts zur Straße nach Niederseeon und zum Steinsee. Wir radeln durch Niederseeon und biegen am Steinsee

Die Kirche in Glonn.

Gasthäuser
Taglaching:
Wirtshaus Taglaching, Oberdorf 2
Moosach:
Gasthof Neuwirt, Kirchplatz 1
Falkenberg:
Schlosswirtschaft, Falkenberg 21
Glonn:
Café Schwaiger, Feldkirchner Str. 3
Genussgaststätte Wiesmühle, Reisenthalstr. 13
Münster:
Flair Hotel Haflhof, K llistr. 6
am Steinsee:
Gaststätte Am Steinsee
am Kastenseeoner See:
Café-Restaurant Am Kastensee

Kurz nach Moosach
liegt dieser schöne Reiterhof.

26,3
Moosach

32,5
S-Bahnhof Grafing Bahnhof

rechts ab auf die Straße nach Moosach, ins Tal hinunter und nach Moosach hinein. Wir kommen wieder zum Kirchplatz und nehmen rechts die Straße Richtung Grafing auf der wir am Anfang schon gefahren sind. Über Taglaching und durch die Bahnbrücke kommen wir nach Grafing Bahnhof und biegen links ab in die Hauptstr. zum S-Bahnhof.

Kapelle in Taglaching.

23 Vom Aßlinger Moos ins Brucker Moos

Grafing Stadt - Obereichhofen - Aßling - Hohenthann - Herrmannsdorf - Bruck - Taglaching - Grafing Stadt

Länge: 33,2 km
Höhendifferenz: 108 m
Dauer: ca. 2,5 Std

Tourencharakter:
Von Grafing, 530 m, führt die Tour durch das Tal der Attel auf den Höhenrücken nach Obereichhofen. Weiter von Tal zu Tal, über die Höhenrücken, liegt bei Herrmannsdorf der höchste Punkt mit 622 m. Durch das Moosachtal, dann hinauf nach Taglaching, geht es zurück. Eine schöne Radtour, die aber auch Kondition erfordert.

S-Bahnhof Grafing Stadt

Am Bahnhofplatz halten wir uns rechts zur Bahnhofstr. Hier links vor zum Marktplatz, gleich rechts und wieder links in die Griesstr. Richtung Straußdorf. Von der Griesstr. biegen wir rechts in die Schlossstr. ein, vorbei am Waldfriedhof zur Burg Unterelkofen. Hinauf geht es nach Oberelkofen, links durch die Bahnbrücke in die Oberelkofener Str. Gleich hinter der Alxinger Str. rechts,

6 **Obereichhofen**

nehmen wir den Fahrweg auf den Höhenrücken nach Obereichhofen. Dort stoßen wir auf die Straße nach Lorenzenberg und Aßling. Wir folgen ihr, biegen auf

9 **Aßling**

Höhe Lorenzenberg links ab, radeln gerdeaus durch den Ort bis nach Aßling. Hinter der Bahnbrücke geht es rechts weiter, am Bahnhof vorbei, wieder rechts unter den Gleisen hindurch, nach Niclasreuth hinauf, durch den Ort und hinunter ins Tal der Moosach nach Thal.

15 **Hohenthann**

Geradeaus radeln wir durch Thal hindurch vor zur Staatsstraße, auf die wir nach Hohenthann einbiegen. In der Ortsmitte biegen wir links in die Bolkamer Str. ein und fahren nun immer geradeaus, bergauf und bergab, über Bolkam, Weng nach Berganger. Hier, an der Kirche vorbei, rechtshaltend geht es über die Kreisstraße nach Großrohrsdorf. Hinter Großrohrsdorf links

22 **Herrmannsdorf**

radeln wir nach Gailling, gleich nach dem Ort rechts nach Herrmannsdorf und weiter zur Kreisstraße. Kurz vor der Kreisstraße biegen wir rechts ab auf den Fahr-

weg nach Wildenholzen. Auf der Schlossstr. in Wildenholzen radeln wir an der Kapelle vorbei und halten uns

26 **Bruck**

rechts auf dem Fahrweg nach Bruck. In Bruck halten wir uns rechts, dann links und biegen an den Teichen rechts ab nach Alxing. In der Talstr. erreichen wir Alxing,

30 **Taglaching**

biegen links in die Dorfstr. ein und fahren über die Kreisstraße nach Pienzenau und Taglaching. Hier geht es auf der Grafinger Str. rechts weiter, unter den Bahngleisen hindurch, an Grafing Bahnhof vorbei, nach

33,2 **S-Bahnhof Grafing Stadt**

Grafing. Wir radeln nun auf der Bahnhofstr. folgen ihr rechts über die Bahngleise und biegen gleich dahinter links zum S-Bahnhof ab.

Sehenswertes
Burg Elkofen
Die Burg Elkofen liegt südlich von Grafing. Sie ist die einzige erhaltene Burganlage im Landkreis Ebersberg und besterhaltene Oberbayerns. Sie gehört seit 1664 mit einer Unterbrechung von 1733 bis 1870 den Grafen Rechberg und Rothenloewen, deren Familie die Fliehburg heute noch bewohnt. Sie ist von tiefen Gräben umgeben und liegt so versteckt in einer ehemals sumpfigen Landschaft, dass sie im Dreißigjährigen Krieg von den Schweden übersehen wurde, die 1632 plündernd und brandschatzend durch dieses Gebiet zogen.

Gasthäuser
Unterelkofen:
Schlosswirtschaft an der Burg
Wildenholzen:
Café Bauer, Schlossstr. 20
Alxing:
Landgasthof Bruck, Alxing 14
Taglaching:
Wirtshaus Taglaching, Oberdorf 2

Seit 1847 steht dieses Bauernhaus in Bruck.

24 Rund um den Ammersee

Herrsching - Vorderfischen - Dießen - Riederau - Utting - Schondorf - Stegen - Inning - Buch - Herrsching

Länge: 44,4 km
Höhendifferenz: 76 m
Dauer: ca. 3,5 Stunden

Tourencharakter:
Die Tour führt uns entlang des Ufers um den See herum. Geringe Höhenunterschiede am Südufer und Westufer lassen uns ohne Anstrengung die Fahrt genießen. Im nördlichen Bereich des Ostufers verlassen wir kurz die Nähe des Ufers, nehmen den Anstieg nach Ellwang auf 607 m Höhe und dann zügig bergab zum Ammersee auf 531 m Höhe.
Eine leichte Tour, nicht ganz kurz, mit einem kräftigen Anstieg zum Schluss.

S-Bahnhof Herrsching

Vom Bahnhofplatz aus radeln wir nach rechts in die Straße „Zum Landungssteg" vor zur Seestr. Hier biegen wir rechts ab und halten uns links zur Summerstr. bis zur Mühlfelder Str. Weiter nach rechts auf der Mühlfelder Str. und wieder rechts nach Wartaweil. Auf der Staatsstraße radeln wir an Wartaweil vorbei, durch Aidenried nach Vorderfischen.

8,5 **Vorderfischen**

Hier biegen wir rechts ab in die Dießener Str., radeln über die Ammer und das Ammermoos an der Bahn entlang nach Dießen.

14,0 **Dießen**

Am Bahnübergang biegen wir rechts ab in die Jägerallee und radeln an der Bahn entlang, am Bahnhof vorbei, in die Seestr., die in den „Unteren Albaner Weg" übergeht. Auf ihm radeln wir zum Kloster in St.-Alban. Hinter dem Kloster links und vor der Bahn wieder rechts, radeln wir auf dem „Seeweg Süd" bis zum Bahnhof in Riederau.

17,9 **Riederau**

Entlang der Bahnlinie auf dem „Seeweg Nord" kommen wir nach Holzhausen. Hier fahren wir geradeaus, an der Straße „Am Dampfersteg" vorbei in die Eduard-Thöny-Str. bis zum Bahnhof Utting.

22,6 **Utting**

Wir biegen halbrechts in die Seestr. Richtung See ein, die einen Bogen beschreibt, bleiben auf ihr, biegen rechts ab und kommen an den Campingplätzen vorbei. Am Minigolfplatz fahren wir rechts in den „Uferweg" und erreichen Schondorf.

26,1 **Schondorf**

Hier stoßen wir auf die Seestr., der wir nach rechts folgen bis zur Schiffsanlege-

Gasthäuser
Mühlfeld:
Mühlfelder Brauhaus, Mühlfeld 13
Aidenried:
Gaststätte Aidenried, Seestr. 41
Dießen:
Gasthof Unterbräu, Mühlstr. 36
Riederau:
Restaurant Seehaus, Seeweg Süd 22
Utting:
Restaurant Alte Villa, Seestr. 32
Schondorf:
Zum Wastl, Bahnhofstr. 18
Seerestaurant Forster, An der Point 2
Inning:
Gaststätte Grüner Hof, Marktplatz 1
Restaurant Silberfasan, Landsberger Str. 8
Breitbrunn:
Gioia im Seefelder Hof, Hauptstr. 6
Herrsching: Hotel Seehof, Seestr. 58

Sehenswertes
Der Ammersee
Liebhaber der romantischen „Seefahrt" sind am Ammersee genau richtig. Mit dem 1908 erbauten RMS Dießen genießen Sie auch heute noch das nostalgische Feeling eines Schaufelraddampfers. Mit dem im Juni 2002 in Dienst gestellten RMS Herrsching wurde die „Schifffahrt Ammersee" mit einem weiteren Schaufelraddampfer verstärkt. Bei diesem Schiff wurde Nostalgie mit Hightech verbunden.

In Sichtweite von Herrsching: Das Kloster Mühlfeld.

30,9
Stegen
32,5
Inning
35,5
Buch
44,4
S-Bahnhof Herrsching

stelle. Weiter zum Strandbad, biegen wir links in die Straße „An der Point" ab und wieder rechts in den Weingartenweg. Auf ihm verlassen wir Schondorf und radeln auf der Kaaganger Str. Richtung Ortsmitte von Eching. Am Kreisverkehr biegen wir rechts ab zur Staatsstraße, über die Amper und radeln hinter der Brücke rechts nach Stegen in die Landsberger Str. bis nach Inning. Vor der Kirche biegen wir rechts in die Salzstr. ab zur Herrschinger Str. Wir folgen ihr rechts zur Schornstr., biegen an den Tennisplätzen ein und erreichen Buch in der Waldstr. Rechts die Straße „Am Vorholz" führt an die Inninger Str., hier rechts in die Hauptstr., geradeaus in die Seestr. Links in der Breitbrunner Str. radeln wir nach Breitbrunn, hier im Bucher Weg zur Münchner Str. Wir halten uns rechts der Ortsdurchfahrt folgend bis zur Wörthseestr. der wir ein Stück folgen. Wir biegen rechts nach Ellwang ab. Kräftig geht es bergauf zu den Häusern von Ellwang, an denen wir rechts vorbei nach Rausch radeln und hinunter an die Hechendorfer Str. Wir radeln rechts Richtung See und biegen an der Rieder Str. links ab. Nach den Bahngleisen rechts in die Ladestr., der Bahnlinie entlang, erreichen wir den S-Bahnhof.

25 Die 4-Seen Radtour

Herrsching - Ellwang - Breitbrunn - Buch - Inning - Bachern - Walchstadt - Weßling - Steinebach - Hechendorf - Herrsching

Länge: 36,0 km
Höhendifferenz: 73 m
Dauer: ca. 3 Stunden

Tourencharakter:
Von Herrsching geht es steil bergauf, von 540 m auf 606 m, über den Höhenrücken, der den Wörthsee vom Ammersee trennt. Wieder bergab, radeln wir nach Inning. Nun geht es immer bergauf und bergab über den Wörthsee, Weßlinger See an den Pilsensee und über das Herrschinger Moos zurück nach Herrsching.
Eine schöne, aber anstrengende Radtour mit dem steilen Anstieg und der steilen Abfahrt bei Ellwang.

S-Bahnhof Herrsching	Auf dem Bahnhofplatz starten wir nach links in die Ladestr., vor zur Rieder Str. Links über die Bahngleise radeln wir auf der Straße, bis die Hechendorfer Str. rechts abzweigt. Hier biegen wir ein und an der
4,0 **Ellwang**	Rauscher Str. links. Jetzt geht es bergauf nach Rausch und weiter über Ellwang links haltend nach Breitbrunn hinunter. Wir treffen auf die Wörthseestr., biegen links ein, radeln der Ortsdurchfahrt folgend Richtung
9,1 **Buch**	Inning und biegen links in den Bucher Weg ab. Wir kommen nach Buch, wo der Weg Breitbrunner Str. heißt. An der Seestr. biegen wir rechts ab, kommen in die Hauptstr. und folgen ihr hinauf zur Staatsstraße. An der Einmündung biegen wir links ab in die Straße „Am Vorholz". Auf ihr radeln wir bis zur Waldstr.,
12,3 **Inning**	biegen links ein und fahren rechts in die Schornstr. nach Inning. An den Tennisplätzen treffen wir auf die
13,9 **Bachern**	Herrschinger Str. und radeln zur Ortsmitte. Rechts fahren wir in den Bacherner Weg nach Bachern. Hier
18,0 **Walchstadt**	folgen wir der Fischerstr. bis zur Forellenstr. und biegen links ab nach Walchstadt bis zur „Hintere Seestr.", die uns rechts zum See hinunter, in die „Vordere Seestr." bringt. Wir kommen zur Wörthseestr. und folgen ihr bis zur Maistr. in die wir links einbiegen, vor zur Etterschlager Str. Hier radeln wir kurz nach links und sofort wieder rechts in die Schluifelder Str. hinauf

Gasthäuser
Breitbrunn:
Gioia im Seefelder Hof, Hauptstr. 6
Buch:
Café Waldeck, Waldstr. 5
Inning:
Gaststätte Grüner Hof, Marktplatz 1
Bachern:
Gasthof Mutz, Fischerstr. 14-16
Steinebach:
Steinebacher's, Bahnhofstr. 2
am Wörthsee:
Raabe am See, Seestr. 97
Weßling:
Café am See, Hauptstr. 59
Hotel zur Post, Hauptstr. 34
Herrsching:
Hotel Seehof, Seestr. 58

Sehenswertes
Herrsching am Ammersee
Das ehemalige Fischerdorf Herrsching bietet Deutschlands längste Seepromenade, den Kurpark am See, Dampferrundfahrten auf dem Ammersee, das Kurparkschlösschen mit wechselnden Ausstellungen und einen Töpfermarkt. Herrsching liegt an der Ostseite des Ammersees in der Moränenlandschaft, die am Ende der letzten Eiszeit entstanden ist. Der Ammersee ist mit einer Fläche von ca. 47 qkm nur wenig kleiner als der Starnberger See. Die tiefste Stelle des Sees, der ursprünglich Bauernsee hieß, beträgt 82 Meter. Von den 42 Straßenkilometer am Ufer sind 17 km ausschließlich für die Erholung erschlossen und vorbehalten.

Fassadeninschrift in Inning: Am 15. Nov. 1021 zog Heinrich II., der Heilige, mit 60.000 Mann durch Inning, wobei er hier über Nacht blieb.

und kommen am Golfplatz vorbei nach Schluifeld. Wir fahren durch das Gut und halten uns rechts zur Straße nach Weßling.

22,8 **Weßling**

Vorbei an der Kapelle Grünsink erreichen wir Weßling und biegen hinter der Bahnbrücke rechts in die Schulstr. ein., am Walchstadter Weg links, gleich rechts in den Meilinger Weg und radeln bis zum Steinebacher Weg. Wir biegen rechts ein und halten uns halblinks in den Wald bis zur Wegekreuzung, an der wir den Weg rechts unter der Bahn hindurch nehmen.

27,3 **Steinebach/ Wörthsee**

Hinter der Brücke gleich links radeln wir entlang der Bahn bis zum S-Bahnhof Steinebach und weiter hinunter zur Hauptstr. Halblinks versetzt radeln wir in die Auinger Str., nach der Kurve links in die Kiebitzstr. und wieder links in die Günteringer Str. nach Güntering.

30,7 **Hechendorf**

Im Steinebacher Weg erreichen wir Hechendorf und biegen dann rechts ab in die Günteringer Str. vor zur Inninger Str. Hier wenden wir uns nach links hinunter, durch die Bahnbrücke, dann rechts in die Seestr. hinein. Jetzt geht es am Pilsensee entlang, parallel zur Bahnlinie, nach Herrsching.

36,0 **S-Bahnhof Herrsching**

An der Staatsstraße neben dem Bahnübergang, der Rieder Str., radeln wir gegenüber weiter in der Ladestr. und erreichen den S-Bahnhof.

26 Zu den Mönchen nach Andechs

Weßling - Frieding - Andechs - Herrsching - Hechendorf - Steinebach - Weßling

Länge: 36,3 km
Höhendifferenz: 168 m
Dauer: ca. 3 Stunden

Tourencharakter:
Von Weßling radeln wir auf den Höhenzug hinauf, der den Starnberger See und den Ammersee trennt, auf 702 m. Über Andechs geht es hinunter an den Ammersee auf 534 m. Durch das Herrschinger Moos, am Pilsensee entlang, queren wir den Höhenzug zum Wörthsee und fahren zurück an den Weßlinger See.
Eine abwechslungsreiche Seentour, die auch Kondition fordert.

S-Bahnhof Weßling Die Radtour beginnt an der Bushaltestelle in der Bahnhofstr. am S-Bahnhof. Wir fahren rechts zur Hauptstr., überqueren sie und radeln durch das Mariengassl zum Weßlinger See. Jetzt geht es rechts weiter im Seeweg, dann im Uferweg und „Am Karpfenwinkel“ um den

3,9 See herum, bis zu den Tennisplätzen und fahren dann

Hochstadt rechts die Ettenhofer Str. bis vor zur Straße nach Hochstadt. Nun links durchs Ettenhofer Holz geht es bis kurz vor Hochstadt. Rechts ab, führt der Weg im Krontal durch den Wildpark „Altinger Buchet“ bis zum Espe-

8,7 platz bei Oberalting (Gewerbepark). Links nehmen wir

Unering die Straße nach Unering. Hier halten wir uns rechts in

12,4 den Ort und radeln rechts auf der Andechser Str. nach

Frieding Dröẞling und weiter nach Frieding. Hier biegen wir links ab in die Hartstr. Richtung Rothenfeld. Am Waldrand

17,6 in der Kurve rechts, folgen wir dem Weg nach Andechs.

Andechs Wir erreichen Andechs im Zuge des Landeskulturellen Lehrpfades, nehmen den Birkenmoosweg und stoßen auf den St.-Elisabeth-Weg am Friedhof. Nun geht es zu Fuß bergauf zum Kloster und zur Klosterbrauerei. Nach Herrsching radeln wir rechts auf der Seefelder Str.

22,8 bis vor zur Kreisstraße. Hier halten wir uns links und

Herrsching rollen nach Herrsching an den Ammersee hinunter. Von der Luitpoldstr. in der Ortsmitte, radeln wir geradeaus in die Bahnhofstr. und dann an der Kirche St. Nikolaus

Gasthäuser
Weßling:
Café am See, Hauptstr. 59
Hotel zur Post, Hauptstr. 34
Hotel Seehof, Seeweg 4
Unering:
Gasthof Schreyegg, Andechser Str. 2
Drößling:
Schützenheim La Fattoria, Höhenbergstr. 10
Andechs:
Klostergasthof Andechs, Bergstr. 9
Herrsching:
Gasthof Zur Post, Andechser Str. 1
Steinebach:
Steinebacher's, Bahnhofstr. 2

Sehenswertes
Der heilige Berg in Andechs
Die Geschichte des Klosters reicht bis ins 10. Jahrhundert zurück.
Der Überlieferung nach ließ ein Ahnherr des Andechser Fürstengeschlechts, der selige Rasso, Reliquien, die er im Heiligen Land erworben hatte, in der Kapelle der Burg von Andechs lagern. Der im Laufe der Zeit ständig vermehrte Reliquienschatz, darunter die „Heiligen Drei Hostien", legte den Grundstein für Andechs als einen der berühmtesten deutschen Wallfahrtsorte.

Am Weßlinger See startet und endet die Tour, die an drei weiteren Seen vorbeiführt.

28,0 **Hechendorf**

31,5 **Steinebach**

36,3 **S-Bahnhof Weßling**

rechts in die Rieder Str. ein. Vor der S-Bahnlinie nehmen wir rechts den Weg entlang der Bahnlinie, am Herrschinger Moos vorbei, nach Hechendorf. Wir erreichen Hechendorf auf der Seestr. am Pilsensee. An der Seefelder Str. radeln wir links durch die S-Bahn-unterführung bergauf, bis rechts die Günteringer Str. abzweigt. Hier biegen wir ein und nehmen dann links den Steinebacher Weg nach Steinebach. Gleich nach den ersten Häusern kommt von rechts die Kiebitzstr. Wir stoßen auf die Auinger Str., folgen ihr nach rechts, überqueren die Haupstr. halblinks zur Bahnhofstr. und fahren, am S-Bahnhof Steinebach vorbei, entlang den Gleisen. Im Wald nehmen wir rechts die Unterführung der Bahn, gleich wieder links und nun entlang der Bahn erreichen wir den Steinebacher Weg in Weßling. Vor der Straßenbrücke folgen wir links dem Meilinger Weg zur Walchstadter Str., fahren links, gleich wieder rechts in die Schulstr. und weiter bis zur Bahnhofstr. und zum S-Bahnhof Weßling.

27 Zwischen Mischenrieder Wald und Amper

Weßling - Grafrath - Kottgeisering - Eching - Inning - Bachern - Walchstadt - Weßling

Länge: 33,8 km
Höhendifferenz: 70 m
Dauer: ca. 2,5 Stunden

Tourencharakter:
Wir starten in Weßling auf 590 m Höhe und radeln durch den Mischenrieder Wald hinunter ins Ampertal nach Grafrath. Entlang des Naturschutzgebietes „Oberes Moos" fahren wir zum Nordufer des Ammersees. Von hier aus geht es bergauf, am Wörthsee vorbei, zurück nach Weßling.
Eine leichte Tour mit Schatten im Mischenrieder Wald und Sonne im „Oberen Moos".

S-Bahnhof Weßling	Den Bahnhof verlassen wir zur See abgewandten Seite, an der Straße „An der Grundbreite", radeln rechts in die Straße „Bacheläcker" und geradeaus in die Tannenbergstr. An den Bahngleisen biegen wir links ab in den Mischenrieder Weg Richtung Gut Mischenried. Wir halten uns weiter links, am Waldrand entlang und stoßen nach der Walddurchfahrt auf die Straße nach Etterschlag. Wir radeln unter der Autobahn hindurch,
7 **Jexhof**	nach der Linkskurve rechts durch den Mischenrieder Wald am Bauernhofmuseum Jexhof vorbei zur Kreisstraße Schöngeising-Mauern hinunter. Hier biegen wir links ab nach Mauern. An der Kapelle nehmen wir die
12,0 **Grafrath**	Kreisstraße rechts und radeln nach Grafrath-Unteralting. Wir bleiben auf der Ortsdurchfahrt, der Adalmuntstr., stoßen vor der B471 auf die Klosterstr. und fahren rechts zur Wallfahrtskirche. An der B471 wieder rechts, radeln wir über die Amperbrücke, am Kreisverkehr links, in die Graf-Rasso-Str. und biegen in die Kottgeiseringer Str. nach Kottgeisering ab. An der Siedlung
14,6 **Kottgeisering**	Kottgeisering vorbei, fahren wir nach Kottgeisering hinein und bleiben auf der Ortsdurchfahrt in der Grafrather Str. und der Ammerseestr. Richtung Türkenfeld. An der Peutenmühle biegen wir links ab nach
19,3 **Eching**	Eching am Ammersee. In der Zankenhauser Str. fahren wir durch Eching bis zum Kreisverkehr über der

Gasthäuser
Grafrath:
Gasthof Alter Wirt, Mauerner Str. 4
Bürgerstadel, Mauerner Str. 16
Gaststätte Dampfschiff, Graf-Rosso-Str. 40
Inning:
Gaststätte Grüner Hof, Marktplatz 1
Steinebach am Wörthsee:
Raabe am See, Seestr. 97
Weßling:
Café am See, Hauptstr. 59
Hotel zur Post, Hauptstr. 34
Stegen:
Alte Brauerei, Landsberger Str. 57

Sehenswertes
Bauernhofmuseum Jexhof
Das Bauernhofmuseum Jexhof wurde 1987 eröffnet, nachdem sich seit 1983 ein Förderverein um den Aufbau des Museums bemüht hat. Bis ins Jahr 1980 war der Hof bewohnt, zuletzt von der ehemaligen Dienstmagd Resi Geiger, die seit 1930 für die Bauersfamilie Riedl gearbeitet hat.

Eine Kostbarkeit in der 1763 geweihten Kapelle Grünsink ist die einmanualige Barockorgel von Josef Glonner.

Autobahn. Am Kreisverkehr halten wir uns links entlang der Staatsstraße und biegen, nach der Amperbrücke, rechts in die Landsberger Str. nach Stegen ab und folgen ihr bis zur Ortsmitte von Inning. An der Kirche biegen wir rechts auf den Marktplatz ein und fahren nach wenigen Metern links in den Bacherner Weg und folgen ihm bis nach Bachern. Wir radeln in der Fischerstr. bis zur Forellenstr. und biegen links ab nach Walchstadt. Vor Walchstadt auf der Bacherner Str. radeln wir rechts in die „Hintere Seestr." zum See hinunter, am Badeplatz vorbei, in die „Vordere Seestr.". Wir stoßen auf die Wörthseestr. und folgen ihr bis zur Maistr., der wir nach links folgen, vor zur Etterschlager Str. Hier radeln wir kurz nach links und sofort wieder rechts in die Schluifelder Str. hinauf und kommen, am Golfplatz vorbei, nach Schluifeld. Wir fahren durch das Gut, halten uns dann rechts zur Straße nach Weßling und an der Kapelle Grünsink vorbei nach Weßling. Am Ortsanfang biegen wir links in die Etterschlager Str. ein und folgen ihr bis zur Straße „An der Grundbreite", dann rechts und wir sind zurück am S-Bahnhof.

22,8 **Inning**

24,8 **Bachern**

29,0 **Walchstadt**

33,8 **S-Bahnhof Weßling**

28 Um das Deutsche Zentrum für Luft-und Raumfahrt

Unterpfaffenhofen - Kraillinger Innovationsmeile - Frohnloh - Hausen - Hanfeld - Unering - Hochstadt - Weßling - Gilching - Unterpfaffenhofen

Länge: 42,5 km
Höhendifferenz: 113 m
Dauer: ca. 3,5 Stunden

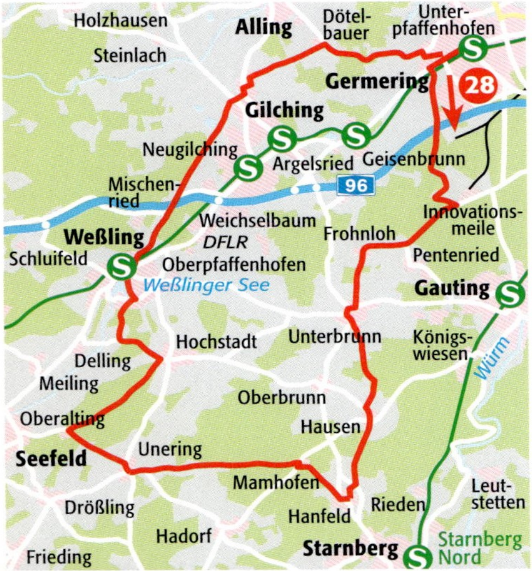

Tourencharakter:
Vom Bahnhof Unterpfaffenhofen radeln wir hinauf in den Kreuzlinger Forst, über Unterbrunn nach Hanfeld, zum höchsten Punkt der Tour auf 652 m Höhe. Hier haben wir die Hälfte der Tour geschafft und wenden uns Richtung Seefeld und zum Weßlinger See hinunter. Nach kurzem Anstieg hinter Gilching radeln wir abwärts zurück nach Germering.
Eine längere Tour, die in der ersten Hälfte ständig bergauf führt und bei der sich Schatten und Sonne abwechseln.

S-Bahnhof Unterpfaffenhofen

Vom Bahnhofplatz radeln wir links zur Landsberger Str. Auf der Seite gegenüber nehmen wir den Radweg links nach Gilching bis zum Starnberger Weg. Wir folgen ihm links, unter der Bahn hindurch zum Sportzentrum. Nach der Autobahn radeln wir in den Kreuzlinger Forst Richtung Kraillinger Innovationsmeile, geradeaus, dann halblinks über den Schotterplatz und stoßen am Sportplatz auf den Robert-Sterling-Ring an der KIM. Nun links zum Kreisverkehr an der Pentenrieder Str. und wir biegen rechts ab nach Frohnloh. Im Ort fahren wir geradeaus in die Unterbrunner Str. nach Unterbrunn. Hier stoßen wir auf die Gautinger Str., fahren rechts zur Ortsmitte Richtung Oberbrunn. Am Ortsende biegen wir links in die Hausener Str. ein und gelangen nach Hausen. Dort stoßen wir auf den Oberbrunner Weg, fahren nach links, dann geradeaus in den Taubenhüller Weg, über die Staatsstraße und erneut über die Staatsstraße nach Hanfeld. Wir radeln rechts in die Ortsmitte, biegen rechts in die St.-Michael-Str. ein und radeln an der Mamhofer Str. links nach Mamhofen. An der Staatsstraße biegen wir rechts zur Kirche ab und gegenüber nach links in den Waldweg nach Unering. Auf der Hadorfer Str. fahren wir nach Unering hinein Richtung Hochstadt und biegen an der Oberaltinger Str. links ab Richtung Oberalting. Am

5,5
Kraillinger Innovationsmeile

9,5
Frohnloh

13,2
Hausen

15,7
Hanfeld

21,6
Unering

Gasthäuser
Unterbrunn:
Landgasthof Böck, Hauptstr. 13
Hanfeld:
Gastwirtschaft Weber, St.-Michael-Str. 14
Unering:
Gasthof Schreyegg, Andechser Str. 2
Weßling:
Café am See, Hauptstr. 59
Hotel zur Post, Hauptstr. 34
Germering:
Waldgasthof Schusterhäusl, Schusterhäusl 1
Gaststätte Zum Kramerwirt, Salzstr. 24

Sehenswertes
Deutsches Zentrum für Luft- und Raumfahrt Oberpfaffenhofen
Das DLR ist das nationale Zentrum der Bundesrepublik Deutschland für Luft- und Raumfahrt. Der Luftverkehr sichert unsere globale Mobilität, Satelliten ermöglichen eine weltweite Kommunikation. Die Fernerkundung liefert wichtige Daten über unsere Umwelt, und die Erforschung des Weltraums bringt neue Erkenntnisse über Ursprung und Entwicklung des Sonnensystems, der Planeten und damit des Lebens.

Es lohnt der Blick auf den Maibaum in Germering.

In Unering ist die Hälfte der Strecke geschafft.

Espeplatz (Gewerbepark) biegen wir rechts in den
26,7 **Hochstadt** Wald und nehmen den rechten Weg durch den Wildpark im Krontal nach Hochstadt. An der Straße Hochstadt-Delling biegen wir links ab, fahren in den Wald
28,2 **Weßling** hinauf und rechts in die Ettenhofer Str. nach Weßling. Nach den Tennisplätzen biegen wir links auf die Straße „Am Seefeld" zum Seeufer ab und radeln über die „Untere Seefeldstr." zum S-Bahnhof. Hier halten wir uns links durch die Unterführung, radeln rechts in die Straße Bacheläcker und rechts in die Tannenbergstr. An der Bahn biegen wir rechts in den Gilchinger Weg
35,5 **Gilching** nach Gilching ab. Halbrechts unter der Autobahn hindurch erreichen wir Gilching. Am Sportzentrum vorbei, heißt die Straße nun Weßlinger Str. Wir stoßen auf die Brucker Str. und biegen links ab. An der Straße „Am Anger" geht es rechts und an der Kirche vorbei, links in die Kirchgasse und rechts in die Straße „Am Zehentstadel" zum Friedhof und über die Felder zu den Häusern „Dötelbauer", an der Straße Alling-Germering. Wir biegen rechts ab, halten uns links und erreichen Germering. Am Ortsrand biegen wir in die Allinger Str. rechts ein und an der Salzstr. links Richtung Bahnhof.
42,5 **S-Bahnhof Unterpfaffenhofen** Wir radeln auf dem Radweg entlang der Landsberger Str. bis zur „Untere Bahnhofstr.", nun nach rechts zum S-Bahnhof.

29 Zwischen Isartal und Gleißental

Deisenhofen - Frundsberger Höhe/Straßlach - Mühlthal - Aumühle - Deining - Großdingharting - Deisenhofen

Länge: 32,2 km
Höhendifferenz: 104 m
Dauer: ca. 2,5 Stunden

Tourencharakter:
Von Deisenhofen aus radeln wir leicht bergauf durch den Grünwalder Forst zur Siedlung Frundsberger Höhe auf 634 m. Steil bergab geht es ins Isartal. Von der Aumühle aus steil bergauf, über Deining nach Großdingharting, erreichen wir 664 m Höhe, den höchsten Punkt der Tour. Über den Deininger Weiher und auf den Höhen des Gleißentales radeln wir zurück nach Deisenhofen. Das Isartal hinunter und hinauf sind bei dieser Tour die anspruchsvollen Abschnitte. Sonst eine leichtere Tour.

S-Bahnhof Deisenhofen

Am Bahnhofplatz vor dem S-Bahnhof radeln wir nach links zur Bahnbrücke, fahren unter ihr hindurch und nun rechts in die Ödenpullacher Str. Geradeaus über die Laufzorner Str. hinweg, radeln wir weiter immer an der Bahn entlang, über den Grünwalder Weg, über die Kreisstraße zur Kugler Alm. Die Linienstr., auf der wir radeln, macht zum Ende hin einen Bogen nach links, dann nach rechts. Hier biegen wir links ab zum Forsthaus Wörnbrunn. Wir radeln am Gasthaus vorbei in die Wörnbrunner Str. Richtung Grünwald, biegen aber gleich links ab in den Weg vor zur Kreisstraße. Gegenüber setzen wir die Radtour auf dem Waldweg fort und treffen am Ortsrand von Grünwald auf den Laufzorner Weg. Weiter radeln wir geradeaus und kommen zum Wildgatter Sauschütt, an dem Wildfütterungen beobachtet und das Walderlebniszentrum besucht werden können. Wir fahren rechts zum Parkplatz an der Kreisstraße und überqueren diese.

4,6
Forsthaus Wörnbrunn

Hier radeln wir in den Wald hinein und biegen nach wenigen Metern links ab, in den Mühlweg Richtung Frundsberger Höhe. An den Häusern, auf dem „Weg am Esterholz", radeln wir am Waldrand entlang zum „Esterholzweg". Hier links, gleich rechts, radeln wir weiter am Waldrand im Elsternweg zur Mühlstr. Rechts gelangen wir nach steiler Abfahrt ins Isartal. Unten

9,6
Frundsberger Höhe

Gasthäuser
Oberhaching:
Wirtshaus Kugler Alm, Linienstr. 93
Forsthaus Wörnbrunn, Wörnbrunn 1
im Isartal:
Gasthaus Zur Mühle an der Floßrutsche, Mühltal 10
Gasthaus Aumühle, Aumühle 10
am Deininger Weiher:
Waldhaus, Am Deininger Weiher 4
Deining:
Gasthaus Deininger Post, Tölzer Str. 1
Großdingharting:
Landgasthof Killer, Gleißentalstr. 4

Sehenswertes
Walderlebniszentrum Grünwald
Der Ausstellungspavillon, von König Max II. im Jahre 1862 erbaut, lockt mit einer Ausstellung über die Geschichte der Wälder rund um München. Der Erlebnispfad mit 10 Stationen vermittelt viel Wissenswertes über den Wald.
Im Schwarzwildgehege werden die Wildschweine täglich gegen 16.00 Uhr gefüttert.

Nach anstrengender Abfahrt Erholung im Biergarten des Gasthofes Zur Mühle an der Isar-Floßrutsche.

12,5 **Mühlthal** · 17,6 **Aumühle** · 20,1 **Deining**

geht es rechts zum Gasthaus „Zur Mühle", wir biegen links ab und radeln entlang des Isarwehrkanals über Dürnstein, gegenüber dem Kloster Schäftlarn, zur Aumühle. Hier verlassen wir das Isartal und fahren steil bergauf nach Hornstein, vor der Kapelle rechts und hinter ihr links nach Deining. Gegenüber der Kirche stoßen wir auf die Ortsdurchfahrt und biegen links ab in die Münchner Str. Am Abzweig nach Straßlach biegen wir rechts in die Talstr. ein, folgen ihr bis zum Weiherweg und fahren hier rechts ab Richtung Deininger Weiher. Wir radeln rechts über das Filz und links weiter zum See. Am Ende des Sees radeln wir

24,9 **Großdingharting**

links zum Bad und an der Straße links hinauf nach Großdingharting hinein. An der Deisenhofener Str. biegen wir rechts ab und fahren nach Ödenpullach und geradeaus Richtung Deisenhofen. Wir treffen bei Laufzorn linker Hand auf die Römerstr., fahren geradeaus und nehmen dann rechts die Ödenpullacher Str.

32,2 **S-Bahnhof Deisenhofen**

nach Deisenhofen hinein. Am Kreisverkehr halten wir uns rechts, fahren durch die Bahnbrücke und danach wieder rechts zum S-Bahnhof Deisenhofen.

30 Der Hofoldinger Forst. Ein Bannwald

Sauerlach - Altkirchen - Arget - Otterfing - Kreuzstraße - Peiß - Sauerlach

Länge: 41,0 km
Höhendifferenz: 70 m
Dauer: ca. 3 Stunden

Tourencharakter:
Von Sauerlach, 615 m, geht es hinauf in den Deisenhofener Forst auf 650 m. Wir wenden uns nach Süden und erreichen in Otterfing mit 671 m den höchsten Punkt der Radtour. Zurück radeln wir über Peiß/ Aying durch den Hofoldinger Forst.
Eine leichte Radtour durch die schattigen Forste.

S-Bahnhof Sauerlach
Auf dem Bahnhofplatz an der Bushaltestelle radeln wir rechts weg und über die Münchner Str. in die Von-Aychsteter-Str. An der Kirchstr. rechts, dann links, dann geradeaus und wir radeln in den Stauchartinger Weg hinein. Der Weg führt uns in den Deisenhofener Forst hinauf, an der St.-Anna-Kapelle und am Hirschbrunnen vorbei, an die Straße Altkirchen-Oberhaching. Hier biegen wir links ab und radeln nach Altkirchen hinein.

7,2 **Altkirchen**
An der Feuerwehr stoßen wir auf die Hauptstr., überqueren sie und fahren ein Stück in der Eichenhausener Str. Nach wenigen Metern biegen wir links ab in den Argeter Weg und fahren weiter bis zur Altkirchener Str. Weiter geht es rechts in den Wald, immer geradeaus, bis nach Lochhofen. Wir stoßen auf die Oberlandstr., fahren hier rechts nach Arget,

12,2 **Arget**
überqueren die Oberhamer Str. und kommen in die Holzkirchner Str., die wir an der Linkskurve verlassen und in der Urspringer Str. auf die B13 treffen. Gegenüber auf dem Weg fahren wir geradeaus zur Bahnlinie, überqueren sie und radeln nach rechts, immer an der Bahnlinie entlang, nach Otterfing.

18,1 **Otterfing**
Am Bahnhof vorbei kommen wir an die Kreuzstr. auf die wir links einbiegen und unter der Autobahn hindurch bis zum Gasthaus Bartewirt nach Kreuzstraße radeln.

23,8 **Kreuzstraße**
Hier biegen wir links ab Richtung Kleinkarolinienfeld und nach kurzer Fahrt rechts in

Gasthäuser
Sauerlach:
Hotel Neuwirt, Bahnhofstr. 13
Arget:
Landgasthof Schmuck, Oberhamer Str. 3
Otterfing:
Gasthaus Baumann, Bahnhofstr. 45
Otterfinger Hof, Nordring 39
Kreuzstraße:
Bartewirt, Gruberstr. 1
Aying:
Brauereigasthof, Zornedinger Str. 2
Kastanienhof, Bahnhofstr. 34
Liebhards Braustüberl, Münchener Str. 2

Fassadenmalerei gegenüber dem Brauereigasthof in Aying.

Sehenswertes
Der Hofoldinger Forst
Die Waldgebiete um München wurden in den 80er Jahren des 20. Jahrhunderts zu Bannwäldern erklärt. Sie schützen Grundwasser und Boden, reinigen die Luft, sorgen für den Klimaausgleich, bieten Pflanzen und Tieren Lebensraum und den Menschen Naherholungsflächen. Bis ins 19. Jahrhundert hinein standen sich vor allem materielle Interessen am Wald und die herrschaftliche Jagd gegenüber. Waldgewerbe wie Köhlerei, Teersiederei und Pottaschengewinnung waren weit verbreitet. Die Imkerei - vormals wichtigste Quelle für Süßstoff - sank zur Liebhaberei ab.
Als einziges nennenswertes Waldgewerbe blieb schließlich die Holzproduktion. Zugleich gewann der Zeitvertreib in der Natur, Erholung und Naturerleben an Stellenwert.

Der „Zeitgeist" in Arget verkauft Antiquitäten.

die Peißer Str. durch den Wald bis zur Kreisstraße nach Großhelfendorf. Gegenüber die Straße führt uns am S-Bahnhof Peiß vorbei, zur Kirche an der Rosenheimer Landstr. Wir radeln links weiter Richtung Höhenkirchen in der Dürrnhaarer Str. über die Bahn und biegen wieder links ab in den Kronester Weg. Nun geht es in den Hofoldinger Forst hinein, auf der „Via Julia", bis an die Kreisstraße nach Faistenhaar. Schräg gegenüber setzen wir die Fahrt auf der „Römerstr." fort, queren das Hauptgeräumt und erreichen das Markweg-Geräumt. Hier biegen wir links ab Richtung Otterfing. Am Taxen-Geräumt, auf der rechten Seite, biegen wir rechts ab, radeln über die Autobahn und bleiben auf dem Weg, halten uns nach der Rechtskurve links bis an die Bahnlinie in Sauerlach. Wir überqueren die Bahnlinie und radeln gleich rechts in die Schützenstr. An der Zugspitzstr. rechts, der Hofoldinger Str. links und der Münchner Str. rechts, erreichen wir den S-Bahnhof.

29,0 **Peiß**

41,0 **S-Bahnhof Sauerlach**

31 Auf königlich-bayerischen Radwegen

Tutzing - Pähl-Hochschloss - Andechs - Landstetten - Aschering - Traubing - Tutzing

Länge: 33,7 km
Höhendifferenz: 124 m
Dauer: ca. 3 Stunden

Tourencharakter:
Zu Beginn der Tour geht es kräftig bergauf, von 611 m am Bahnhof bis auf 735 m im Kerschlacher Forst. Auf den Höhen des Ammertales und des südlichen Ammersees radeln wir bergauf und bergab über Pähl nach Andechs, hinüber zum Maisinger See. Nach Traubing und weiter zum Deixlfurter See geht es wieder auf 703 m hinauf. Zum Ende hin radeln wir noch einmal steil bergab zum S-Bahnhof.
Eine abwechslungsreiche Radtour mit kräftigen Anstiegen und zügigen Abfahrten.

S-Bahnhof Tutzing

Den S-Bahnhof verlassen wir zum Beringer Weg hin, vom See abgewandt. Wir radeln links entlang der Bahn und erreichen an der Bahnbrücke die Lindemannstr. Hier biegen wir rechts ab und nach wenigen Metern wieder rechts in die Monatshauser Str. Kräftig bergauf geht es in den Wald hinein und an der Ilkahöhe (hier herrliche Aussicht) vorbei nach Monatshausen. Wir stoßen auf die Straße, die links nach Monatshausen führt. Hier radeln wir rechts Richtung B2 und nach ein paar Metern links in den Waldweg hinein. Nun fahren wir auf die B2 zu, überqueren sie und setzen die Tour nach Kerschlach fort. Wir fahren links durch Kerschlach, an der Kapelle vorbei, Richtung Kerschlacher Weiher und B2. Kurz vor der Bundesstraße biegen wir rechts ab auf die schmale Straße zum Golfclub und zum Schloss Pähl. In der Kehre der Straße nach Pähl hinunter, am Parkplatz, biegen wir rechts ab zum Hochschlossweiher.

8,3
Pähl-Hochschloss

Wir radeln an ihm vorbei und halten uns rechts Richtung Andechs. Am Abzweig zur Hartkapelle halten wir uns rechts, radeln im Bogen weiter, am Oberen Weiher und am Kleinen Weiher vorbei, nach Andechs hinein.

14,9
Andechs

Vom Kerschlacher Weg in Andechs-Erling biegen wir rechts in die Starnberger Str. ein. Am Ortsausgang biegen wir links ab nach Landstetten.

20,2
Landstetten

Kurz hinter den letzten Häusern biegen wir rechts ab in den Waldweg

Gasthäuser
Andechs:
Klostergasthof, Bergstr. 9
Erlinger Hof, Andechser Str. 9
Traubing:
Alter Wirt, Weilheimer Str. 9
Tutzing:
Tutzinger Hof, Hauptstr. 32
Andechser Hof, Hauptstr. 25/27
Forsthaus Ilkahöhe, Oberzeismering

Sehenswertes
Hochschloss Pähl
Seit 1253 war das Hochschloss Pähl als Sitz des Landgerichts Pähl-Weilheim belegt. Ursprünglich gehörte es den Andechs-Merianern. In seiner jetzigen Form wurde es zwischen 1883 und 1885 neu errichtet.

Kloster Andechs
Nach der Regel „Ora et labora" „bete und arbeite", des heiligen Benedikt von Nursa aus dem Jahre 529, führt der klösterliche Betrieb seine Geschäfte, orientiert an den Methoden der modernen Marktwirtschaft mit dem sozialen Wertesystem des Benediktinerklosters. Seit vielen Jahren ist das Kloster mit Brauerei, Braustüberl, Klostergasthof und wegen seines kulturellen Angebotes im Fürstentrakt ein begehrter Tagungsort und Anziehungspunkt.

Den Mittelpunkt bildet die barocke Kirche, die von Johann Baptist Zimmermann geschaffen wurde. Sie steht 760 Meter hoch auf dem Berg.

24,8
Aschering

27,6
Traubing

33,7
S-Bahnhof Tutzing

Richtung Maising. An der Wegekreuzung, mit der Siedlung Jägersbrunn, radeln wir rechts, am Auwinger Moos entlang, nach Aschering hinein. Vom Maisinger Seeweg biegen wir rechts in den Pöckinger Weg ein, der uns vor zur St.-Sebastian-Str. bringt. Hier radeln wir links und biegen am Ortsende rechts in den Weg nach Traubing ein. Wir erreichen Traubing auf der Ascheringer Str., die uns an die Andechser Str. führt. Wir radeln links zur Ortsmitte und biegen an der Kirche rechts in die Weilheimer Str. und hinter der Kirche links in die Tutzinger Str. ab. Wir überqueren die B2 und radeln weiter Richtung Tutzing an den „Langer Weiher". Am Parkplatz geht es rechts ab zum Deixlfurter See. Geradeaus immer Richtung See, dann vor dem Rüdiger Weiher links auf den Weg zwischen zwei Teichen hindurch, erreichen wir die Straße Tutzing-Obertraubing. Hier, an der Kustermannstr., biegen wir links ab und radeln steil bergab, am Friedhof vorbei, bis zur Heinrich-Vogl-Str. vor der Bahnbrücke. Hier noch einmal rechts und wir sind gleich am S-Bahnhof.

32 Kunst und Natur am Starnberger See

Tutzing - Bernried - Jenhausen - Bauerbach - Diemendorf - Kerschlach - Obertraubing - Tutzing

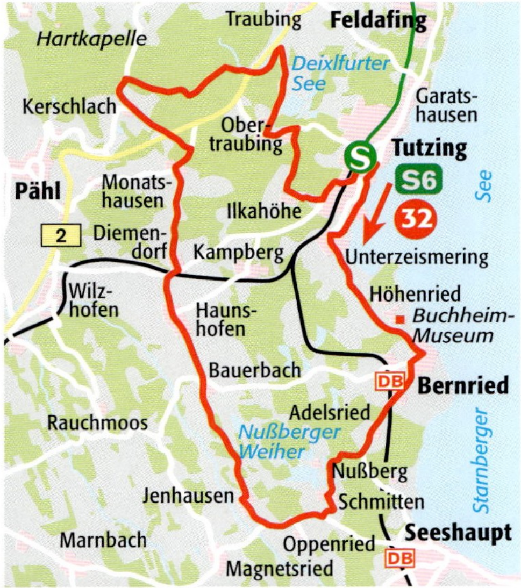

Länge: 35,8 km
Höhendifferenz: 149 m
Dauer: ca. 3 Stunden

Tourencharakter:
Wir beginnen unsere Radtour ohne nennenswerte Steigungen entlang des Seeufers nach Bernried. Von hier aus geht es bergauf, auf durchschnittlich 635 m, bis nach Diemendorf. Nun müssen wir kräftig in die Pedale treten, denn es geht auf 735 m hinauf in den Kerschlacher Forst. Über den Deixlfurter See und die Ilkahöhe, mit herrlicher Aussicht, radeln wir hinunter zum S-Bahnhof auf 611 m Höhe.
Abgesehen von der kräftezehrenden Steigung im Kerschlacher Forst ist es eine leichte und schöne Tour.

S-Bahnhof Tutzing

Wir starten an der Seeseite des S-Bahnhofs nach links, dann rechts und radeln die Bahnhofstr. hinunter zur Hauptstr. Rechts biegen wir ab, am Kustermannpark vorbei, in den Georg-Roth-Weg zum See hinunter. An den Sportanlagen vorbei, geht der Weg in die Lindenallee über. In Unterzeismering stoßen wir auf die Erlenstr., der wir rechts zur Bernrieder Str. folgen. Hier biegen wir links ab und radeln auf der Bernrieder Str.

5,8
Bernried

nach Bernried, am Buchheim-Museum der Fantasie vorbei, der Staatsstraße folgend Richtung Seeshaupt, über die Bahnlinie und am Gewerbegebiet vorbei. Hinter dem Weiler Adelsried, in der Linkskurve, biegen wir rechts ab Richtung Nußberg und Nußberger Weiher. Wir stoßen auf den Bernrieder Weiher, halten uns links dann rechts. Am Abzweig nach Nußberg radeln wir geradeaus an den Fischteichen und an Schmitten vorbei zur Straße Seeshaupt-Weilheim. Wir biegen rechts

12,9
Jenhausen

ab und folgen der Straße bis zum Abzweig nach Jenhausen. Hier biegen wir rechts ab und radeln über

15,8
Bauerbach

Jenhausen, hier rechts, nach Bauerbach. An Bauerbach vorbei, stoßen wir auf die Kreisstraße, biegen hier links ab nach Haunshofen und radeln über die Bahnlinie

19,0
Diemendorf

nach Diemendorf hinein. Wir radeln links zur Kirche und müssen die Steigung nach Monatshausen hinauf in den Kerschlacher Forst bewältigen. In Monatshausen

Sehenswertes
Buchheim-Museum der Fantasie

Natur:
Das Museum liegt nördlich von Bernried im Höhenrieder Park am Ufer des Starnberger Sees. Ein Spaziergang durch den Park ist ein Natur- und Kunstgenuss. Alte Baumgruppen, verwunschene Teiche, Pagoden, Skulpturen und andere Kunstwerke säumen den Weg vom Parkplatz zum Museumsgebäude. Bei schönem Wetter kann man bis zur Alpenkette blicken.

Kunst:
Buchheims Museumskonzept vereint vier Sammlungen unter einem Dach: Im Zentrum steht die berühmte Expressionistensammlung mit Gemälden, Aquarellen, Zeichnungen und Druckgraphiken. Das Museum ist aber auch Völkerkundemuseum und Volkskundliche Sammlung.

Architektur:
Günter Behnisch hat für die Sammlungen Buchheims eine gegliederte und abwechslungsreiche Architektur geschaffen, die die außergewöhnliche Vielfalt der Kunstwerke widerspiegelt. Der langgestreckte, zum Teil in den Hang hineingebaute Baukörper endet in einem zwölf Meter über dem See schwebenden Steg.

Gasthäuser

Unterzeismering:
Zum Bauerngirgl, Bernrieder Str. 21
Jenhausen:
Gastwirtschaft Reßl, Jenhausen 9
Diemendorf:
Gasthof Geiger, Diemendorf 2
Forsthaus Ilkahöhe, Oberzeismering
Tutzing:
Tutzinger Hof, Hauptstr. 32
Andechser Hof, Hauptstr. 25/27

halten wir uns rechts zur B2, passieren die Monatshauser Str. und biegen nach links ab Richtung Kerschlach und B2. Wir queren die B2 und radeln gegenüber weiter nach Kerschlach.

23,9 **Kerschlach**

Wir radeln rechts um Kerschlach herum Richtung Machtlfing und kurz nach dem Waldrand wieder rechts Richtung Traubing. Vorbei am Haus des Warnamtes radeln wir geradeaus und halten uns dann rechts zur B2, nach Deixlfurt. Auf der gegenüberliegenden Seite der B2 radeln wir in der Quellenstr. Richtung Golfplatz bis zur Deixlfurter Str. Wir biegen nach rechts ein, fahren ein Stück und verlassen die Straße nach rechts auf den Feldweg, der am Deixlfurter See vorbei nach Obertraubing in die Deutenbergstr. führt.

31,0 **Obertraubing**

Wir stoßen auf die Kustermannstr. und biegen links ab Richtung Tutzing bis wir auf die Bavariastr. treffen. Im spitzen Winkel rechts zurück, geht es durch den Wald bis zur Monatshauser Str. Gegenüber radeln wir zur Ilkahöhe mit schöner Aussicht auf den Starnberger See. Vorbei am Forsthaus und der Kirche, radeln wir bergab Richtung Tutzing zur Lindemannstr. Wir biegen links ab und fahren hinunter bis vor die Bahnbrücke, biegen wieder links ab in den Beringer Weg und entlang der Bahnlinie erreichen wir den S-Bahnhof.

35,8 **S-Bahnhof Tutzing**

33 Die Höhen zwischen Starnberger See und Ammersee

Starnberg - Pöcking - Aschering - Machtlfing - Andechs - Frieding - Unering - Hanfeld - Rieden - Starnberg

Länge: 40,5 km
Höhendifferenz: 129 m
Dauer: ca. 3,5 Stunden

Tourencharakter:
Vom Starnberger See radeln wir auf den Höhenrücken, der ihn vom Ammersee trennt und über das Würmtal zurück. 585 m hoch liegt der Starnberger See und wir radeln auf 714 m hinauf nach Machtlfing. Die großen Steigungen haben wir in der ersten Hälfte der Radtour. Bergauf und bergab geht es zurück an den Starnberger See. Eine lange Tour für starke Beine.

S-Bahnhof Starnberg

Auf dem Bahnhofsplatz radeln wir links in die Bahnhofstr. und wieder links in die Possenhofener Str. Richtung Possenhofen. Vor der Bahnbrücke biegen wir rechts in die Wilhelmshöhenstr. und folgen ihr bis zum „Oberen Seeweg“. Hier radeln wir links, über die Bahnlinie und dann rechts in den Moritz-von-Schwind-Weg nach Niederpöcking. Der Weg führt uns in den Possenhofener Wald an der Bahn entlang. Bald führt uns ein Weg rechts über die Gleise und wir stoßen auf den Niederpöckinger Weg, der uns entlang der Bahn nach Pöcking bringt. An der Franziska-Günther-Str.

5,0 **Pöcking**

erreichen wir Pöcking und radeln geradeaus vor zur Hauptstr. Hier biegen wir links ab, an der Kirche vorbei, jetzt in der Weilheimer Str. und radeln bis zum Ascheringer Weg, der rechts abzweigt. Wir folgen ihm

8,6 **Aschering**

aus Pöcking hinaus nach Aschering, wo er Pöckinger Weg heißt und stoßen auf die St.-Sebastian-Str. Wir biegen rechts ab, am Andechser Weg links, der zum Eßsee führt. In Höhe des Sees biegen wir an der Wegkreuzung links nach Machtlfing ab. Wir stoßen auf eine

14,0 **Machtlfing**

Straße, der wir links nach Machtlfing folgen. Im Ort radeln wir auf die Erlinger Str. zu. Ihr folgen wir nach rechts aus dem Ort hinaus und biegen nach etwa 800 m links ab zur Stephanskapelle. Weiter führt der Weg

18,3 **Andechs**

nach Andechs, der hier Kerschlacher Weg heißt. An der

Gasthäuser
Pöcking:
Pöckinger Stuben, Hindenburgstr. 21
Machtlfing:
Gasthaus Höfler, Erlinger Str. 1
Andechs:
Klostergasthof, Bergstr. 9
Frieding:
Der Obere Wirt zum Querin,
Georg-Querin-Ring 9
Unering:
Gasthof Schreyegg, Andechser Str. 2
Hanfeld:
Gastwirtschaft Weber, St.-Michael-Str. 14
Bahnhof Mühlthal:
Wirtshaus Obermühltal, Obermühltal 130
Starnberg:
Hotel Seehof, Bahnhofstr. 6
Seerestaurant Undosa, Seepromenade 1

Blick zurück nach Andechs.

Blick in den Biergarten des Wirtshauses Obermühlthal und über den See in Starnberg.

Kirche fahren wir gegenüber in die Andechser Str. zum Kloster hinauf. Am Parkplatz rechts biegen wir in den St.-Elisabeth-Weg zum Friedhof ab und links in den

24,4 **Frieding**

Birkenmoosweg. Dem Lehrpfad folgen wir zwischen den Wäldchen hindurch zur Straße nach Frieding, die uns in den Ort führt. Von der Hartstr. biegen wir rechts ab in die Drößlinger Str., fahren nach Drößling und

28,1 **Unering**

weiter auf der Straße, der Höhenbergstr. nach Unering. In Unering radeln wir auf die Kirche an der Perchtinger Str. zu. Richtung Hadorf verlassen wir Unering und biegen in der Rechtskurve links auf den Fahrweg nach

33,8 **Hanfeld**

Mamhofen ein. An der Kirche rechts und gleich wieder links gelangen wir nach Hanfeld. Dort folgen wir der Ortsdurchfahrt, vorbei an der Kirche, geradeaus in die Mühlthaler Str., unter der Umgehungsstraße hindurch

37,2 **Rieden**

Richtung des ehemaligen S-Bahnhof Mühlthal. Vor dem Bahnhof rechts, in die Straße nach Rieden, radeln wir auf dem Riedener Weg nach Starnberg. Wir stoßen auf die Leutstettener Str., folgen ihr geradeaus, radeln über

40,5 **S-Bahnhof Starnberg**

die Münchner Str. hinweg, immer in der Leutstettener Str., die dann an der Josef-Jägerhuber-Str. in die Kaiser-Wilhelm-Str. übergeht und uns zum S-Bahnhof bringt.

34 Rund um den Starnberger See

Starnberg - Berg - Ammerland - Ambach - St. Heinrich - Seeshaupt - Bernried - Tutzing - Feldafing/Roseninsel - Starnberg

Länge: 48,4 km
Höhendifferenz: 62 m
Dauer: ca. 4 Stunden

Tourencharakter:
Die Radtour am Ufer des Starnberger Sees entlang, weist geringe Höhenunterschiede auf, abgesehen einmal vom Anstieg in Berg mit 56 m, wo der Schlosspark umfahren wird. Mit 48,4 km ist die Radtour jedoch nicht gerade kurz. Der Pkw-Verkehr ist auf der Ostseite des Sees geringer, da hier ein langes Stück der Uferstraße für den allgemeinen Verkehr gesperrt ist. Wem die Tour dann doch zu lang wird, kann auf der Westseite ab Tutzing mit der S-Bahn nach Starnberg zurück fahren.

S-Bahnhof Starnberg
4,9 **Berg**
12,5 **Ammerland**
16,8 **Ambach**
24,6 **Seeshaupt**

Wir radeln am Bahnhofsplatz rechts weg und fahren links zur Kaiser-Wilhelm-Str., der wir bis zur Ludwigstr. folgen. Hier biegen wir rechts ab, durch die Bahnbrücke in den Nepomukweg, bis über die Würmbrücke in Percha. Nach der Brücke biegen wir rechts ab in den Schiffbauerweg und nach dem Freibad wieder rechts in den Uferweg an das Ufer. Wir stoßen auf die Seestr., die uns rechts weiter nach Berg bringt. Die Seestr. führt uns bergauf, wir radeln rechts in die Wittelsbacher Str., an der Kirche erneut rechts in den König-Ludwig-Weg. Wir folgen ihm zur Assenbucher Str., an der wir rechts zum See abbiegen. Wir bleiben auf der Assenbucher Str. und erreichen über Leoni, an Allmannshausen vorbei, Ammerland. Von der Nördl. Seestr. biegen wir rechts in die Südl. Seestr. und radeln über Seeheim nach Ambach, geradeaus vor zur Staatsstraße. Ihr folgen wir rechts, biegen gleich wieder rechts ab in den Weg „Am Schwaiblbach" zum See. Wir stoßen wieder auf die Staatsstraße und radeln über St.-Heinrich nach Seeshaupt. Wir radeln durch Seeshaupt und halten uns an den letzten Häusern rechts zur Tutzinger Str. und zum Seeufer. Nach der Kapelle in Seeseiten biegen wir vor der Bahnbrücke rechts ab Richtung Schloss und Bernried. An der Weggabelung „Unterer Seeweg" und „Reitweg" verlassen wir das Seeufer und radeln auf dem „Reitweg" nach Bern-

Sehenswertes

Die Roseninsel

Die knapp 2,5 Hektar große Roseninsel, 170 Meter vom Westufer des Starnberger Sees entfernt, hat die Menschen seit jeher durch ihren landschaftlichen Reiz angezogen. Ein ruhiges Sommerrefugium stand König Maximilian II. von Bayern vor Augen, als er 1850 Wörth, die einzige Insel im Starnberger See, von der Fischerfamilie Kugelmüller erwarb und sie zur „Roseninsel" umgestalten ließ. 1970 erwarb der Freistaat Bayern die Roseninsel. Vom Frühjahr bis Herbst kann man auf der historischen Plette zur Insel übersetzen.

Gasthäuser

Berg:
Hotel Schloss Berg, Seestr. 17
Ammerland:
Seehotel Leoni, Assenbucher Str. 44
Gasthaus Gerer, Ammerlander Hauptstr. 22
Landhotel Huber, Holzbergstr. 7
Ambach:
Zum Fischmeister, Seeuferstr. 31
St. Heinrich:
Fischerrosl, Beuerberger Str. 1
Seeshaupt:
Seerestaurant Lido, St.-Heinrich-Str. 113
Gasthof Seeseiten, Seeseiten 3
Café-Restaurant Sonnenhof, Penzberger Str. 2
Bernried:
Landgasthof Drei Rosen, Dorfstr. 11
Unterzeismering:
Zum Bauerngirgl, Bernrieder Str. 21
Tutzing:
Tutzinger Hof, Hauptstr. 32
Andechser Hof, Hauptstr. 25/27
Feldafing:
Gasthof Poelt, Bahnhofstr. 41
Possenhofen:
Forsthaus am See, Am See 1
Schiffsglocke, Am See 4
Starnberg:
Hotel Seehof, Bahnhofstr. 6
Seerestaurant Undosa, Seepromenade 1

30,9 **Bernried**

ried in die Ortsmitte, am Friedhof und am Rathaus vorbei, geradeaus in die Dorfstr. und vor zur Staatsstraße. Am Parkplatz des Buchheim Museums biegen wir rechts ab und radeln über Höhenried geradeaus auf dem Fahrweg nach Unterzeismering. Am Ortsende biegen wir von der Bernrieder Str. rechts ab in die Erlenstr. und

36,8 **Tutzing**

halten uns dann links in die Lindenallee zum Südbad Tutzing. Geradeaus kommen wir in den Georg-Roth-Weg, am Kustermann-Park vorbei, zur Ortsmitte. An der Schlossstr. biegen wir rechts ein und halten uns links zum Seeufer. Über den Brahmsweg und den Ebersweg

41,6 **Feldafing/ Roseninsel**

erreichen wir Garatshausen. Am Wittelsbacher Park nun links in den Seeuferweg, am Ufer entlang zur Roseninsel. Wir fahren weiter am Ufer, vorbei am Segelclub und radeln am Wirtshaus „Forsthaus am See" rechts, in den Weg „Am See" nach Possenhofen. Am Schloss fahren wir rechts in die Karl-Theodor-Str. Ihr folgen wir zur Staatsstraße und dieser rechts über Niederpöcking

48,4 **S-Bahnhof Starnberg**

nach Starnberg. Auf der Possenhofener Str. radeln wir bis vor die Bahnbrücke, rechts in den „Unterer Seeweg", dann auf der Seepromenade zum Bahnhof Starnberg.

35 Durch die Wälder zwischen Isar und Würm

Gauting - Wangen - Mörlbach - Aufkirchen - Percha - Starnberg - Rieden - Gauting

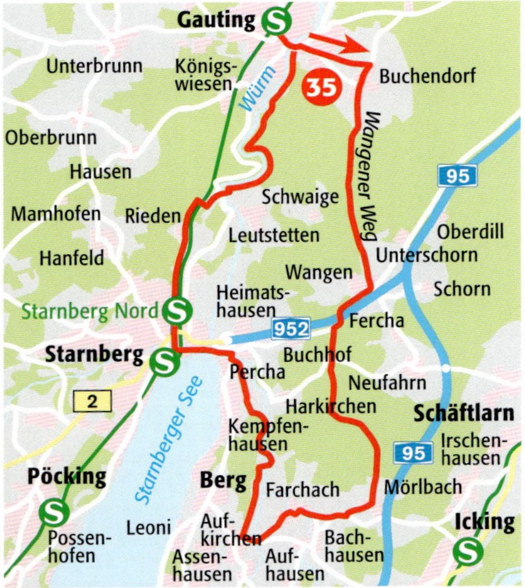

Länge: 35,0 km
Höhendifferenz: 126 m
Dauer: ca. 3 Stunden

Tourencharakter:
Die Radtour beginnt in Gauting, im Tal der Würm, auf 561 m Höhe. Über Buchendorf und Wangen radeln wir stetig bergauf in das Waldgebiet der Wadlhauser Gräben und erreichen vor Mörlbach mit 682 m den höchsten Punkt der Tour. Hinunter nach Aufkirchen, geht die Tour durch das Manthal nach Starnberg. Hinauf nach Rieden und wieder hinunter ins Würmtal kehren wir nach Gauting zurück. Eine schattige Radltour ohne kräftige aber doch lange Anstiege.

S-Bahnhof Gauting

Vor dem S-Bahnhof am Bahnhofplatz radeln wir auf der Bahnhofstr. rechts zur Ortsmitte, geradeaus über die Würm in die Münchner Str. und wieder geradeaus in die Buchendorfer Str. Am Untertaxetweg radeln wir links, am Römerschanzweg rechts, dem wir folgen, bis

2,6 **Buchendorf**

rechts der Stockdorfer Weg nach Buchendorf hineinführt. Im Ort halten wir uns links zur Kirche und biegen vor ihr in den Leutstettener Weg ein. An der Weggabelung halten wir uns links in den Wangener Weg. Am Wald biegen wir rechts ab, bleiben aber auf dem Wangener Weg, nun halblinks, der uns bergauf über die Straße Leutstetten-Oberdill zur Straße nach Schwaige führt. Geradeaus radeln wir durch den Wald, dann am Waldrand entlang in den Buchendorfer Weg

7,9 **Wangen**

nach Wangen. Wir stoßen auf die Olympiastr. und halten uns rechts. Kurz hinter der Autobahnbrücke biegen wir links ab in den Wald und stoßen auf die Straße nach Neufahrn. Weiter geradeaus, an der Kreuzung

14,2 **Mörlbach**

links, radeln wir nach Mörlbach. Im Ort biegen wir rechts ab in die Graf-Ruepp-Str. An der Staatsstraße fahren wir rechts und nehmen in der Kurve den Mörlbacher Weg nach Farchach. Wir folgen der Nikolausstr. rechts, radeln in in die Ortsmitte und folgen der Orts-

17,7 **Aufkirchen**

durchfahrt nach Aufkirchen. Von der Farchacher Str. in Aufkirchen biegen wir rechts ab in die Martinsholzer Str.

Gasthäuser
Buchendorf:
Gasthaus Haller, Neurieder Str 9
Wangen:
Gasthof Holzeder, Olympiastr. 5
Aufkirchen:
Gasthof zur Post, Marienplatz 2
Mühlthal am Bahnhof:
Wirtshaus Obermühltal, Obermühltal 130
Mühlthal an der Würm:
Forsthaus Mühltal, Mühltal 124
Gauting:
Bürger's, Münchener Str. 2

Sehenswertes
Berg
Zu Frühlingsbeginn zog es König Ludwig II. an den Starnberger See nach Berg zu seinem Sommersitz. Er empfing Persönlichkeiten wie Richard Wagner, der sich hier zum „Ring der Nibelungen" und den „Meistersingern" inspirieren ließ. Auf der Roseninsel traf sich König Ludwig II. mit Elisabeth, der späteren Kaiserin „Sisi", zu legendenumwobenen Rendezvous. Und am Starnberger See starb er am 13. Juni 1886. Ein Kreuz im Wasser, nahe am Ufer, gegenüber der Votivkapelle im Schlosspark von Berg erinnert an seinen Tod.

Über Martinsholzen radeln wir durchs Manthal Richtung Kempfenhausen. Wir radeln links in den „Manthalhammer" halten uns anschließend wieder links in die Straße „Sattlerfeld". Rechts zweigt die Straße „Am Bachfeld" ab, der wir nach Manthal folgen. Über die Manthalstr. hinweg heißt die Straße nun Mitterfeldweg und später „Am Mühlberg". In Percha stoßen wir auf die Berger Str. Kurz rechts, dann links in die Seestr., radeln wir geradeaus über die Würm. Auf dem Nepomukweg fahren wir unter der Bahnlinie hindurch, ab hier heißt er Ludwigstr., bis zur Kaiser-Wilhelm-Str. Hier radeln wir rechts, an der J.-Jägerhuber-Str. halblinks in die Leutstettener Str. über die Münchnner Str. in den Riedener Weg hinein und fahren über Rieden zum ehemaligen S-Bahnhof Mühlthal. Vor dem Bahnhof radeln wir unter der Bahnlinie zur Straße nach Gauting. An der Staatsstraße biegen wir links ab und vor der Würmbrücke rechts auf den Fahrweg, der uns entlang der Würm zu den Sportanlagen in die Leutstettener Str. nach Gauting führt. An der Münchner Str. biegen wir links ab, über die Würm, in die Bahnhofstr. und fahren zum S-Bahnhof.

22,9
Percha

24,4
Starnberg S-Bahnhof

27,7
Rieden

35,0
S-Bahnhof Gauting

Markante Gebäude am Wegesrand:
Der Turm in Buchendorf und der Hof in Farchach.

36 Die Biergärten an der Würm

Gauting - Stockdorf - Krailling - Planegg - Gräfelfing - Pasing - Blutenburg - Allach - Karlsfeld - Gröbenried - Dachau

Länge: 27,1 km
Höhendifferenz: 102 m
Dauer: ca. 2,5 Stunden

Tourencharakter:
Die Tour entlang der Würm, von Gauting durch München nach Dachau, radeln wir flussabwärts von 583 m Höhe in Gauting hinunter auf 481 m Höhe am Bahnhof in Dachau. Eine leichte Tour im grünen Band der Würm.

S-Bahnhof Gauting
Am Bahnhofplatz radeln wir rechts in die Bahnhofstr. zum Hauptplatz hinunter. Hier biegen wir links ab in die Grubmühlerfeldstr. und fahren zur Grubmühle. Vor der Mühle biegen wir links ab und nach wenigen Metern in den „Am Uferweg" rechts nach Stockdorf.

5,2 **Stockdorf**
An der Kirche kommen wir in die Waldstr. und radeln bis zur Bahnstr. Nun rechts hinunter zum Harmsplatz und links ab in den Mitterweg nun in Krailling, der ab der Pentenrieder Str. Margarethenstr. heißt. Rechts sehen wir das Schloss Planegg in Planegg. Wir radeln nun geradeaus in der Bräuhausstr. über die Germeringer Str. halblinks in die Georgenstr. zur St.-Georgs-Kapelle

8,8 **Gräfelfing**
auf der Würminsel. Wir haben Gräfelfing erreicht und biegen an der Tennisanlage rechts ab in die Stefanusstr. Wir queren die Bahnhofstr. und fahren weiter in der Würmstr. Nach der Brücke am Weinbuchweg radeln wir nach rechts in den Kirchweg und kommen zur Kirche

12,4 **Pasing**
an der Lochhamer Str. Gegenüber im Paul-Eipper-Weg radeln wir über die Autobahn in den Pasinger Stadtpark. Wir halten uns rechts am Fabrikkanal entlang, an der Brücke links und vor der Würm wieder rechts und erneut über den Fabrikkanal. Nun links, an der Institutstr. wieder links, dann rechts über die Bodenseestr.,

14,4 **Blutenburg**
entlang der Würm, über die Kaflerstr. in den Hermann-Hesse-Weg. Bis zum Schloss Blutenburg radeln wir

Sehenswertes

Schloss Blutenburg

In den 30er Jahren des 15. Jahrhunderts ließ Herzog Albrecht III. die etwa 10 Kilometer von seiner Residenz entfernte „Pluedenburg" an der Würm zu einem Landsitz ausgestalten. 1467 verzichtete sein Nachfolger, Herzog Sigismund, zugunsten seines Bruders Albrecht IV. auf die Regierung und zog sich in die Blutenburg zurück, die ab 1488 eine Kirche mit kostbarer spätgotischer Ausstattung erhielt. Die Wasserburg prägt noch heute die Struktur der Anlage mit einer türmebewehrten Hauptburg um ein Turmhaus, in dem Herzog Albrecht III. mit Agnes Bernauer zusammenlebte, und einer geräumigen Vorburg, die von der Schlosskirche beherrscht wird.

Gasthäuser

Gauting:
Restaurant Zum Bären, Pippinstr. 1
Krailling:
Restaurant Kraillinger Brauerei, Margarethen Str. 59
Planegg:
Bräustüberl, Bräuhausstr. 6
Gräfelfing:
Lochhamer Einkehr, Lochhauser Str. 4
M-Pasing:
Landsberger Hof, Bodenseestr. 32
M-Blutenburg:
Schlossschänke Blutenburg
M-Obermenzing:
Weichandhof, Betzenweg 81
M-Allach:
Restaurant Insel Mühle, Von-Kahr-Str. 87
Dachau:
Restaurant Fischer, Bahnhofstr. 4

direkt am Ufer der Würm. Am See, vor dem Schloss, fahren wir rechts zur Verdistr. Gegenüber in der Straße „An der Würm" radeln wir weiter. An der Dorfstr. links, dann rechts in die Faistenlohestr. und an der Mergenthaler Str., links radeln wir zur Würm. Am Inselmühlweg links, radeln wir vor zur Von-Kahr-Str. Links fahren wir

18,5
Allach

über die Brücke und vor dem Parkfriedhof rechts in die Behringstr. entlang der Würm bis nach Allach. Ab dem Paul-Ehrlich-Weg heißt die Straße „Servetstr.".

20,0
Karlsfeld

An der Kleselstr. halten wir uns halbrechts in die Siberstr. und radeln Richtung Karlsfeld. Wir stoßen auf die Enterstr., biegen links ab und gleich wieder rechts in den Schwarzhuberweg. Wir radeln links in den Gündinger Weg und erneut links zum Umspannwerk. Hier kurz

23,6
Gröbenried

rechts und links und weiter fahren wir im Gündinger Weg Richtung Gröbenried zur Langwieder Str. Wir biegen rechts ab und radeln entlang des Gröbenbaches unter der B471 hindurch nach Dachau-Süd. Der Langwieder Str. folgen wir bis zur Eduard-Ziegler-Str., biegen rechts ab,dann links in die Hermann-Stockmann-Str.

27,1
S-Bahnhof Dachau

vor zur Münchner Str. Wir fahren links zur Kreuzung und biegen rechts ab in die Bahnhofstr. und radeln zum S-Bahnhof.

37 Durch den Höhenkirchener Forst

Hohenbrunn - Grasbrunn - Dürrnhaar - Hofolding - Brunnthal - Hohenbrunn

Länge: 34,3 km
Höhendifferenz: 58 m
Dauer: ca. 2,5 Stunden

Tourencharakter:
Von Hohenbrunn, 570 m, radeln wir leicht bergab nach Solalinden, dann durch den Höhenkirchener Forst, lange Zeit ständig leicht bergauf, bis wir bei Hofolding 606 m erreichen.
Zurück nach Hohenbrunn geht es wieder nur bergab. Eine leichte Tour ohne nennenswerte Steigungen durch den Höhenkirchener Forst.

S-Bahnhof Hohenbrunn

Den S-Bahnhof verlassen wir an der Bahnhofstr. Links, parallel zu den Gleisen, radeln wir vor zur Taufkirchner Str. Wir fahren rechts in den Ort zum Rathaus, hier links in die „Jäger-von-Fall-Str.“, am Friedhof vorbei, über die Autobahn, in den Notinger Weg nach Riemerling. An der Ottostr. radeln wir rechts bis zur Theodor-Heuss-Str. Nun biegen wir links ein, an den Behindertenwerkstätten vorbei, über die Ottobrunner Str. in die Oedenstockacher Str. nach Oedenstockach.

5,3 **Oedenstockach**

Auf der Keferloher Marktstr. radeln wir nun über Solalinden nach Keferloh. Wir radeln am Ortsrand entlang, dann rechts und links und wieder rechts über die Bundesstraße in die Keferloher Str. und durch das Keferloher Holz Richtung Grasbrunn. An der Autobahn treffen wir auf die Straße Putzbrunn-Grasbrunn und fahren auf ihr unter der Autobahn hindurch nach Grasbrunn zur Ekkehartstr. in die Ortsmitte.

10,7 **Grasbrunn**

Jetzt rechts einbiegen und geradeaus zur Kapelle am „Mayrhäusl“ an der Staatsstraße. Schräg gegenüber am Wanderparkplatz, beginnt das Grasbrunner Geräumt. Wir halten uns hier geradeaus und biegen erst am Königsgeräumt links ab. Diese kilometerlange Schneise führt uns, immer leicht bergauf, in den Höhenkirchener Forst. Vor der Straße nach Höhenkirchen kurz links, dann rechts, queren wir die Straße, fahren über das Siegertsbrunner Geräumt, der Straße

Gasthäuser
Keferloh:
Gasthof Kreitmair, Keferloh 2
Faistenhaar:
Landgasthof Almwirt, Miesbacher Str. 2
Hofolding:
Landgasthof Werner, Faistenhaarer Str. 1
Brunnthal:
Gasthof Lutterschmid, Münchner Str. 2
Hohenbrunn:
Gasthof Zum Alten Wirt, Taufkirchener Str. 4

Sehenswertes
Ad prunna- zu den Quellen- wurde vor langer Zeit einmal die Siedlung Hohenbrunn genannt, in der wohl aus Ermangelung von fließendem Gewässer, das Wasser tief aus der Erde geschöpft werden musste. Auch die Ortsnamen Marchwartsbrunn und Sigohoesprunnan, so hießen die Orte Höhenkirchen und Siegertsbrunn im 11. Jahrhundert, deuten auf Brunnen hin, die noch funktionsfähig sind.

Das Leonhardifest in Siegertsbrunn
Seit Jahrhunderten findet am ersten Sonntag nach Kilian (am 8. Juli), das Leonhardifest in Siegertsbrunn statt. Zu Ehren des hl. Leonhards wird ein dreitägiges Fest mit Wallfahrt am Samstag und Segnungen von Rössern, Kutschen und Reitern am Sonntag abgehalten.

22 **Dürrnhaar** — nach Egmating und stoßen auf das Dürrnhaarer Geräumt. Hier fahren wir rechts nach Dürrnhaar, am S-Bahnhof vorbei, vor zur Ayinger Str. Kurz links, dann rechts geht es weiter nach Faistenhaar. Von der Dürrnhaarer Str. kurz links in die Ottobrunner Str., dann

24,8 **Hofolding** — rechts auf die Faistenhaarer Str. erreichen wir Hofolding.

27,9 **Brunnthal** — Am Kirchplatz nun rechts nach Brunnthal. In Brunnthal halten wir uns links zur Kirche St. Nikolaus und biegen dahinter rechts in den Hachinger Weg ein und wieder rechts in die Englwartinger Str. Kurz nach den

31 **Kirchstockach** — Englwartinger Häusern radeln wir rechts am Waldrand entlang später am Golfplatz nach Kirchstockach. Hier fahren wir links zur Kirche, dann rechts in die Taufkirchner Str. und vor zur Rosenheimer Landstr. Gegen-

34,3 **S-Bahnhof Hohenbrunn** — über im Kirchstockacher Weg radeln wir nach Hohenbrunn und biegen gleich hinter der Bahn links ab zum S-Bahnhof.

Fast unscheinbar steht am Straßenrand geduckt die Kapelle am Mayrhäusl mit dem Marienaltar.

38 Von der Mangfall zur Isar

Kreuzstraße - Otterfing - Baiernrain - Harmating - Ascholding - Wolfratshausen

Länge: 30,3 km
Höhendifferenz: 160 m
Dauer: ca. 2,5 Stunden

Tourencharakter:
Vom S-Bahnhof Kreuzstraße, 630 m, radeln wir stetig bergauf durch den Hofoldinger Forst über Otterfing hoch nach Linden auf 735 m. Weiter führt uns der Weg über den Harmatinger Weiher ins Isartal nach Wolfratshausen hinunter auf 577 m. Eine leichte Tour mit dem langen Anstieg in der ersten Hälfte und den flotten Abfahrten in der zweiten Hälfte.

S-Bahnhof Kreuzstraße

Am S-Bahnhof Kreuzstraße radeln wir rechts entlang der Bahn zur Römerstr., biegen links ab und radeln vor zur Straßenkreuzung am Wirtshaus. Hier links, dann gleich rechts, biegen wir in die Otterfinger Str. ein und fahren durch den Wald, unter der Autobahn hindurch, nach Otterfing.

6,8 **Otterfing**

In der Kreuzstr. fahren wir zur Ortsmitte an die B13. Geradeaus weiter radeln wir auf der Dietramszeller Str., an Erlach vorbei, nach Steingau. Im Ort, nach der Kirche, fahren wir rechts in die Fraßhausener Str. Richtung Baiernrain.

12,1 **Baiernrain**

Wir bleiben auf der Kreisstraße und umfahren Baiernrain (Wer rasten möchte, fährt in den Ort hinein.) bis zum Abzweig nach Linden auf der linken Seite. Nun radeln wir nach Linden, zum höchstgelegenen Punkt der Tour und erreichen den Ort auf dem Baiernrainer Weg. An der Ortsdurchfahrt, der Dietramszeller Str., biegen wir links ab, nach wenigen Metern rechts in die Reuther Str. und fahren über Reuth Richtung Harmating. Nach der Walddurchfahrt biegen wir links ab, dann in Harmating wieder links, dann rechts zum Harmatinger Weiher hinunter.

18,1 **Harmating**

Am Ende des Sees, an der Weihermühle, biegen wir links ab auf den Waldweg, der uns am Weiherbach

Wissenswertes
Auszug aus dem Heimatbuch
„Ein oberbayerisches Bauerndorf im Holzlande".
von Eduard Moser, 1925
Otterfing gehörte dem Kloster Tegernsee. Die älteste Urbar des Klosters von 1289 stellt eine der wichtigsten Quellen zur frühen Geschichte der Grundherrschaft des Klosters dar. Neben den aufgezeichneten Besitzungen des Klosters finden sich hier auch Eintragungen über die Abgabeverpflichtungen der Untertanen, der so genannten Untereigentümer, auch aus Otterfing.
So zum Beispiel:
354
Ebenso liefert der Meierhof in Holzham jede dritte Garbe, ein Schwein drei Schilling wert, 3 Gänse, 6 Hühner, 150 Eier, 15 Fische, 12 Pfennig für Lederhäute; für das Wochengericht 1/2 Schäffel Weizen, 1/2 Schäffel Gerste, 2 Schäffel Hülsenfrüchte, 2 dto. Rettiche;
für Gastgeschenke dem Herrn Abt
1/2 Schäffel Weizen, 1/2 dto. Roggen;
für den Konvent
1/2 Schäffel Weizen und 1/2 dto. Roggen.
355
Ebenso liefert Ulrich ebendaselbst von seiner halben Hufe
1/2 Schäffel Weizen, 1/2 Schäffel Roggen, 5 dto. Hafer,
ein Schaf im Wert von 6 Pfennig, ein Hähnchen,
ein Schwein im Wert von 24 Pfennig.
357
Ebenso sind für das Grasland des Meiers von Holzham
40 Pfennig zu zahlen.

Gasthäuser
Kreuzstraße:
Bartewirt, Gruber Str. 1
Otterfing:
Gasthaus Baumann. Bahnhofstr. 45
Steingau:
Gasthaus Steinbacher, Otterfinger Str. 1
Baiernrain:
Gasthaus Baiernrain, Lehrer-Vogl-Weg 1
Harmatinger Weiher:
Gasthaus Holzheu, Harmating 12
Puppling:
Gasthof Pupplinger, Austr. 2
Gasthof Aujäger. Austr. 4
Wolfratshausen:
Gasthof Zur Linde, Äußere Sauerlacher Str. 2

Gemütlich radeln durch die Pupplinger Au.

22,1
Ascholding

entlang, nach Ascholding bringt. Wir radeln über die Tattenkofener Str. in die Isarstr. hinein und fahren auf ihr an den Häusern von Ascholding vorbei zur Kronmühle. Hier biegen wir rechts in die Kronmühlstr. ein, vor zur Hauptstr. An der Hauptstr. biegen wir links ab und radeln im Tal der Isar bis nach Puppling.

30,3
S-Bahnhof Wolfratshausen

Links über die Marienbrücke erreichen wir Wolfratshausen und fahren auf der Äußeren Sauerlacher Str. zur Ortsmitte und zum S-Bahnhof Wolfratshausen.

Zur Stärkung vor der Tour:
Der Bartewirt.

39 An der Mangfall

Kreuzstraße - Kleinhöhenkirchen - Westerham - Holzolling - Großseeham - Weyarn - Unterdarching - Kreuzstraße

Länge: 34,7 km
Höhendifferenz: 143 m
Dauer: ca. 3 Stunden

Tourencharakter:
Von Kreuzstraße radeln wir 63 m hinunter ins Mangfalltal und dann gleich wieder 94 m hinauf auf den Höhenrücken, um den die Mangfall hier einen Bogen macht. Wieder hinunter ins Mangfalltal erreichen wir Westerham. Zum Seehamer See hinauf folgen wir ein Stück dem Leitzachtal und halten uns nun wieder über den Höhenrücken ins Mangfalltal und zurück nach Kreuzstraße.
Eine Tour für konditionsstarke Radler, da die Anstiege und Abfahrten kurz und steil sind.

S-Bahnhof Kreuzstraße
Am S-Bahnhof radeln wir rechts entlang der Bahn zur Römerstr. Nach links und gleich wieder rechts fahren wir in den Spitzweg ein, der uns am Waldrand entlang zur Gruber Str. führt. Wir biegen rechts ab, fahren über die Bahnlinie durch Grub, zum Abzweig nach Großhelfendorf und radeln rechts hinunter zur Grubmühle ins Mangfalltal, über die Brücke und wieder hinauf nach Kleinhöhenkirchen.

5,5 Kleinhöhenkirchen
An der Kirche biegen wir links ab auf die Altenburger Str. hinunter ins Mangfalltal nach Niederaltenburg. Nach der Brücke über die Mangfall radeln wir rechts auf dem Weg entlang der Mangfall nach Feldkirchen-Westerham. In der Höhenkirchener Str. kommen wir nach Westerham und stoßen auf die Miesbacher Str.

9,4 Westerham
Weiter geht es rechts über die Mangfallbrücke und wieder links in die Naringer Str. aus dem Ort hinaus. Wir radeln entlang der Leitzach „Im Goldenen Tal“ nach Naring und auf der Ortsdurchfahrt nach Holzolling.

13,0 Holzolling
Hier biegen wir von der Naringer Str. links ab auf die Kreisstraße und gleich wieder links nach Esterndorf. Wir bleiben im Tal bis nach den Häusern von Esterndorf und biegen dann rechts ab, den Weg hinauf rechts durch die Autobahnbrücke nach Ried.
Wir radeln links durch Ried Richtung Seehamer See vor zur Staatsstraße. Hier biegen wir links ab Richtung Großseeham.

16,7 Großseeham
Kurz vor dem Ort biegen wir im spitzen

Gasthäuser
Naring:
Gaststätte Zum Goldenen Tal,
Im Goldenen Tal 19
Großseeham:
Gasthof Spießbratenhaus
Holzolling:
Gasthof Kreuzmair, Westerhamer Str. 12
im Mangfalltal:
Waldrestaurant Maxlmühle
Mühlthal:
Landgasthof Bruckmühle, Mühlthal 3
Kreuzstraße:
Bartewirt, Gruber Str. 1

Hinter dem Landgasthof Bruckmühle erkennt man die Autobahnbrücke der A8.

Sehenswertes
Schon vor über 120 Jahren kamen die Münchner Stadtväter auf den Gedanken, das malerische Mangfalltal für die Trinkwasserversorgung zu nutzen. 1879/80 erkannten sie, dass die Qualität und die Ergiebigkeit der dortigen Wasservorkommen den Aufwand wert war, den die Überbrückung der mehr als 40 Kilometer Distanz zwischen dem Tal und München forderte. In den zwei Jahren, von 1881 bis 1883, erschlossen die Münchner die Mühlthaler Hangquellen und schufen die erste Zuleitung zum 30 Kilometer entfernten Hochbehälter in Deisenhofen. Dieser Speicher erhielt zwei Kammern für ein Fassungsvermögen von 38.000 Kubikmetern. Zwei Druckrohrstränge führten das Wasser vom Speicher über 9 Kilometer in die Stadt. München war damit erstmals mit dem Gebiet verbunden, das noch heute rund 80 Prozent seines täglichen Wasserbedarfs deckt.

Winkel rechts ab in die Brucker Str. an das Seeufer. Am Ende des Sees biegen wir rechts ab, radeln durch Kleinseeham zur Kreisstraße, biegen rechts ab nach Bruck und hier nun links nach Weyarn. Wir kommen durch Wattersdorf und biegen nach dem Ort rechts ab auf den Weg nach Seiding.

20,9 **Seiding**

Wir halten uns links, umfahren Weyarn und stoßen auf die Straße Weyarn-Fentbach unweit der Autobahnanschlussstelle Weyarn. Wir queren die Straße nach Mühlthal und radeln durch das Mangfalltal abwärts. Unter der Autobahnbrücke biegen wir rechts ab in die Maxlmühler Str. und radeln direkt neben der Mangfall über die Weiglmühle bis zur Maxlmühle. Hier radeln wir den Talhang hinauf, biegen rechts ab in den Maxlmühlergasteig und oben, an der Kreisstraße, gleich wieder rechts in die Valleyer Str. nach Valley. Hier halten wir uns links in die Graf-Arco-Str. und radeln auf ihr nach Unterdarching.

27,7 **Unterdarching**

Hier biegen wir links ab und fahren auf der Holzkirchner Str. durch den Ort bis rechts der Heerder Weg abzweigt. Wir folgen ihm durch das Fichtholz und über die Bahn nach Fellach. Rechts, an der Kirche vorbei, fahren wir auf der Kreisstraße nach Kreuzstraße. An der Römerstr. biegen wir rechts ab zum S-Bahnhof.

34,7 **S-Bahnhof Kreuzstraße**

40 Zwischen Isar und Loisach

Wolfratshausen - Gartenberg - Geretsried - Bibisee - Oberherrnhausen - Wolfratshausen

Länge: 29,0 km
Höhendifferenz: 58 m
Dauer: ca. 2,5 Stunden

Tourencharakter:
Von Wolfratshausen, 577 m, radeln wir am Rande des Isartales flussaufwärts, auf 611 m Höhe. Zum Bibisee geht es leicht bergab und dann hinauf auf 632 m nach Oberherrnhausen, hinüber ins Loisachtal. Entlang des Loisach-Isar-Kanals kehren wir ohne weitere Steigung nach Wolfratshausen zurück.
Eine leichte, sonnige Radtour entlang der naturgeschützten Isar und durch das Loisachtal, in dem uns die Loisach, sich in Schleifen durch baumbestandene Wiesen windend, bis nach Wolfratshausen begleitet.

S-Bahnhof Wolfratshausen

Am S-Bahnhof radeln wir in der Bahnhofstr. links zur Sauerlacherstr. Schräg links gegenüber fahren wir auf dem Radweg, parallel zum Bahngleis, bis zur Brücke am Loisach-Isar-Kanal. Hinter der Brücke biegen wir links ab, fahren am Kanal entlang Richtung Isar und nach den letzten Häusern rechts in den Rotkreuzweg, der uns am Sportzentrum vorbei, der Isar folgend, nach

6,0
Gartenberg

Gartenberg führt. Wir erreichen die Blumenstr. und halten uns geradeaus in die Straße „Isardamm". Nach der Schule radeln wir links und folgen immer noch der Straße „Isardamm". Wir kommen am Eissportstadion vorbei und biegen halblinks auf den Fahrweg ein, der

9,4
Geretsried/ Tattenkofener Str.

uns an der Pumpstation vorbei durch den Wolfratshauser Forst führt. Wir treffen auf die Tattenkofener Str., überqueren sie und setzen unsere Tour nach links auf dem Weg parallel zur Straße fort. An der Jeschkenstr. biegen wir rechts ab und folgen ihr über die Sudetenstr. hinweg bis zum Königsdorfer Weg, der links abzweigt. Wir biegen ein, kommen an den Tennisplätzen vorbei und folgen ihm bis zu den Häusern von Brand, wo er Grundstr. heißt. Wir nehmen rechts den Fahrweg, treffen auf den Almweg, dem wir links vor zur B11

14,8
Bibisee

folgen. Hier biegen wir nach rechts ab und nach wenigen Metern links über Wiesen zum Bad am Bibisee. Links liegt das Segelflugzentrum Königsdorf. Wir radeln

Gasthäuser
am Bibisee:
Restaurant am Bibisee
Gelting:
Landgasthof Zum Alten Wirth, Buchberger Str. 4
Wolfratshausen:
Café Abendblatt, Johannisbrücke
Gasthof Zur Linde, Äußere Sauerlacher Str. 2
Gasthof Löwenbräu, Untermarkt 8

Sehenswertes
Segelflugzentrum Königsdorf
Auf dem Segelflugzentrum Königsdorf sind ca. 80 Segelflugzeuge, 12 Motorsegler und 7 Motorflugzeuge stationiert. Das Segelflugzentrum ist ein idealer Ausgangspunkt für wunderschöne Alpenflüge. Der zuverlässige „Hausbart" bringt die Segelflugzeuge auch vom Windenstart bis zum Blomberg und von dort in die atemberaubende Alpenlandschaft.
Bei schönem Wetter herrscht auch unter der Woche Flugbetrieb.

Vorbei an der Kirche in Oberherrnhausen nach Gelting.

Entlang des Loisach-Isar-Kanals gehts zurück nach Wolfratshausen.

geradeaus am See entlang, treffen auf die Straße „Zum Lindenrain", halten uns links Richtung Lindenrain und biegen nach ca. 300 Metern rechts ab nach Babenstuben. Von hier folgen wir dem Weg links vor zur Straße und geradeaus weiter nach Oberherrnhausen.

19,0 **Oberherrnhausen**

Wir treffen auf die Straße Beuerberg-Wolfratshausen und biegen rechts ab. Vor Unterherrnhausen nehmen wir die Straße nach Eurasburg. Gleich hinter der Brücke des Loisach-Isar-Kanals biegen wir auf den Weg rechts ein. Von jetzt an radeln wir immer am Kanal entlang Richtung Wolfratshausen. An der Ortslage Gelting heißt unser Weg „Am Kanal". Wir treffen auf den Bahnweg,

25,5 **Gelting**

der von Gelting herführt. Wir biegen auf ihn nach links ein über die Loisach und gleich wieder rechts, nun der Loisach selber entlang, bis in die Innenstadt von Wolfratshausen. Auf der Barbezieuxstr., vorbei an der Feuerwehr, erreichen wir die Johannisbrücke.

29,0 **S-Bahnhof Wolfratshausen**

Wir radeln nun rechts über die Loisach in die Altstadt und auf der Sauerlacher Str. zum S-Bahnhof an der Bahnhofstr.

41 Auf den Spuren der Flößer

Wolfratshausen - Isartal - Aumühle - Mühlthal - Grünwald - Großhesselohe

Länge: 25,5 km
Höhendifferenz: 112 m
Dauer: ca. 2,5 Stunden

Tourencharakter:
Vom Bahnhof Wolfratshausen, 577 m, geht es sanft bergab ins Isartal, durch die Pupplinger Au, weiter flussabwärts, entlang des Isarwehrkanals bis Mühlthal. Nun steil von 568 m das Isarufer hinauf, auf 638 m um die Talenge am Georgenstein zu umgehen.
In Grünwald geht es wieder hinunter zur Isar und an ihr entlang bis zur Großhesseloher Bahnbrücke.
Eine leichte Tour auf dem Isartalradweg, mit kurzen aber kräftigen Anstiegen.

S-Bahnhof Wolfratshausen

2 **Isartal**

7,7 **Aumühle**

12,7 **Mühlthal**

Auf der Bahnhofstr. vor dem S-Bahnhof fahren wir links zur Sauerlacher Str. vor. Hier halten wir uns wieder links, fahren an der Kirche St. Nantwein vorbei, aus Wolfratshausen hinaus ins Isartal. Kurz nach der Isarbrücke in Puppling, geht es links von der Straße ab, am Gasthaus „Aujäger" vorbei, in das Naturwaldreservat Pupplinger Au. Wir halten uns links in die Wehrbaustr. zum Ickinger Wehr. Am Wehr und der Schleuse vorbei, radeln wir weiter Richtung Aumühle. Den Isarwehrkanal zur linken Hand, erreichen wir bald Dürnstein, an der Brücke zum Kloster Schäftlarn. Wir bleiben aber auf dieser Flussseite, fahren kurz auf die Staatsstraße und dann weiter geradeaus an der Isar entlang nach Mühlthal. Wer möchte kann im Gasthaus „Zur Mühle" rasten, bevor es nun steil bergauf geht. Unser Radweg biegt wenige Meter vor Mühlthal rechts ab, vorbei an der Kapelle, hinauf Richtung Straßlach. An der Weggabelung im Wald halten wir uns links weiter nach Straßlach hinauf und am Waldrand vor dem Hof wieder links. Wir fahren nun auf dem Elsternweg, später auf dem „Weg im Esterholz" an der Siedlung „Frundsberger Höhe" vorbei, geradewegs in den Grünwalder Forst hinein. Der „Mühlweg" führt uns nun direkt nach Grünwald. Vorbei am Wertstoffhof, fahren wir in die Ortsmitte auf den Marktplatz zu. Hier halten wir uns links

Sehenswertes

Pupplinger Au

Früher waren die Fahrten auf der Loisach und der Isar nach München ein hartes, oft lebensgefährliches Geschäft. Heute fließt die einstmals wilde Isar ruhiger und eine Floßfahrt ist ein „feuchtfröhliches" Erlebnis. Eine der schönsten geschützten Wildflusslandschaften Europas, die „Pupplinger Au" liegt kurz hinter Wolfratshausen. Ein Naturwaldreservat mit Kiefern, Weiden und Fichten.

Der Georgenstein

Der Georgenstein ist eine Attraktion jeder Floßfahrt. Ein historisches Überbleibsel einer ehemaligen Römerbrücke. Jeder Floßfahrer zollt diesem Felsen Respekt, denn nur erfahrenen Flößern gelingt es, ihr Floß ohne große Mühen vorbei zu manövrieren.

Gasthäuser

Wolfratshausen:
Gasthof Zur Linde, Äußere Sauerlacher Str. 2
Puppling:
Gasthof Aujäger, Austr. 4
an der Isar:
Gasthaus Aumühle, Aumühle 10
Mühlthal:
Gasthaus Zur Mühle, Mühlthal 10
Grünwald:
Restaurant Alter Wirt, Marktplatz 1
Großhesselohe:
Waldwirtschaft, Georg-Kalb-Str. 3

Blick auf den Georgenstein vom Aussichtspunkt in Buchenhain.

19,8
Grünwalder Brücke

Richtung Höllriegelskreuth und fahren hinunter zur Isar bis zur Grünwalder Brücke. Vor der Brücke biegen wir rechts ab und radeln nun wieder im Isartal. Die Talenge am Georgenstein haben wir umgangen und radeln nun entspannt Richtung Großhesseloher Bahnbrücke. Vor der Brücke müssen wir uns rechts halten und einen beschwerlichen Weg nach oben steigen. Wir überqueren nun die Isar und stoßen drüben bergauf auf die Großhesseloher Str. Hier radeln wir links über die Bahnbrücke zum Bahnhofplatz und radeln rechts die Fritz-Gerlich-Str. hinauf Richtung S-Bahnhof, der am Wöllnerplatz liegt.

25,5
S-Bahnhof Großhesselohe

Am Wirtsgarten „Zur Mühle" führt die Floßrutsche vorbei. Wer die Gaudi der durchgleitenden Floße miterleben will, sollte zu den Mittagsstunden an der Rutsche sein.

42 An Pupplinger Au und Deininger Filz

Wolfratshausen - Puppling - Dürnstein - Dingharting - Aufhofen - Thanning - Harmatinger Weiher - Wolfratshausen

Länge: 38,2 km
Höhendifferenz: 113 m
Dauer: ca. 3 Stunden

Tourencharakter:
Diese Tour führt uns ein gutes Stück durch das hier breite, geschotterte Isartal und auf die Hügel der eiszeitlichen Endmoränen. Wir starten bei 577 m Höhe in Wolfratshausen, radeln durch das Isartal und dann hinauf nach Dingharting auf 673 m.
Von hier geht es bergauf und bergab wieder hinunter ins Isartal, am Talhang entlang, nach Wolfratshausen.
Eine abwechslungsreiche Radtour mit anstrengenden wie auch erholsamen Abschnitten.

S-Bahnhof Wolfratshausen
2 **Puppling**
9,8 **Dürnstein**
14 **Großdingharting**
19,5 **Aufhofen**

Auf der Bahnhofstr. vor dem S-Bahnhof fahren wir nach links zur Sauerlacher Str. vor. Hier halten wir uns wieder links, fahren an der Kirche St. Nantwein vorbei, aus Wolfratshausen ins Isartal. Nach der Isarbrücke biegen wir links ab nach Puppling, am Gasthaus Aujäger vorbei, in das Naturwaldreservat Pupplinger Au. Wir halten uns links in die Wehrbaustr. und fahren Richtung Ickinger Wehr und zur Schleuse. Am Isarwehrkanal entlang, erreichen wir die Aumühle mit Gasthaus. Der Weg führt uns durch das breite Isartal bis nach Dürnstein. Hier stoßen wir auf die Staatsstraße von Schäftlarn nach Großdingharting. Wir biegen ab nach Großdingharting. Kräftig geht es den Talhang bergauf, in der Klosterstr. an Beigarten vorbei, über die Staatsstraße nach Straßlach, hinein nach Großdingharting. Der Fußsteiner Str. folgen wir zur Ortsmitte, biegen rechts ab in die Straße „Am Weiher" und fahren geradeaus, auf der Gleißentalstr. bergab Richtung Deininger Weiher. Von der Straße nach Holzhausen biegen wir rechts ab zum Freibad, fahren auf dem Weg links am Bad und am Deininger Weiher vorbei. Geradeaus, am Rande des Deininger Filzes entlang, halten wir uns an der Wegkreuzung geradeaus, hinauf in den Wald und immer geradeaus Richtung Aufhofen. In Aufhofen stoßen wir auf die Hauptstr., fahren geradeaus an der

Gasthäuser
an der Isar:
Gasthaus Aumühle, Aumühle 10
Großdingharting:
Pfisterhof, Ölschlager Weg 9
Landgasthof Killer, Gleißentalstr. 4
am Deininger Weiher:
Waldhaus, Am Deininger Weiher 4
Aufhofen:
Gasthaus Jägerwirt, Hauptstr. 10
Harmatinger Weiher:
Gasthof Weihermühle
Puppling:
Gasthof Pupplinger, Austr. 2
Gasthof Aujäger. Austr. 4
Wolfratshausen:
Café Abend Blatt, Johannisbrücke
Gasthof Zur Linde, Äußere Sauerlacher Str. 2

Die Kapelle
in Harmating.

Sehenswertes Wolfratshausen
Wolfratshausen war wegen seiner Lage an der Hauptstraße, die über den Kesselberg bis nach Italien führte, Raststätte bedeutender Persönlichkeiten. Papst Pius VI. zelebrierte 1782 auf seiner Reise nach Wien zu Kaiser Josef II. in der Pfarrkirche von Wolfratshausen eine hl. Messe. Auf seiner Italienreise nahm Johann Wolfgang von Goethe am 7. September 1786 im Wolfratshauser Postbräu kurzen Aufenthalt beim Pferdewechsel. Auch haben in Wolfratshausen berühmte Bürger gelebt und gewirkt: Hans Urmiller, Richter und Landpfleger 1529, dessen Portrait auf dem alten 50 DM-Schein zu finden war, wie auch der Zeichner, Maler und Lithograph Felix Bockhorni.

21,8
Thanning

Kirche vorbei nach Oehnböck und Thanning. An der Sauerlacher Str. links, die Hauptstr. rechts radeln wir zur Gräfin-Justitia-Str., biegen ein und halten uns hinter den Fischteichen wieder links nach Moosham. Wir radeln durch Moosham nach Schallkofen. An der Siegertshofer Str. geht es kurz rechts und an der Kapelle links auf den Feldweg Richtung Harmatinger Weiher. Bergab treffen wir an der Sägmühle auf die Straße von Harmating, halten uns rechts und fahren vor zur Staatsstraße Richtung Ascholding. An der Weihermühle biegen wir links ab auf den Waldweg der uns am Weiherbach entlang nach Ascholding führt. Wir radeln über die Tattenkofener Str. in die Isarstr. und fahren an den Häusern von Ascholding vorbei zur Kronmühle. Hier biegen wir rechts in die Kronmühlstr. ein, vor zur Hauptstr. An der Hauptstr. biegen wir links ab und radeln im Isartal nach Puppling. Links über die Marienbrücke erreichen wir Wolfratshausen und fahren auf der Äußeren Sauerlacher Str. über die Bahngleise rechts zum S-Bahnhof.

27,4
Harmatinger Weiher

38,2
S-Bahnhof Wolfratshausen

Einkehren in Wolfratshausen
im Biergarten des Cafe Abend Blatt
an der Loisach.

43 Vom Loisachtal an den Starnberger See

Wolfratshausen - Degerndorf - Ambach - Ammerland - Allmannshausen - Höhenrain - Wolfratshausen

Länge: 35,1 km
Höhendifferenz: 149 m
Dauer: ca. 3 Stunden

Tourencharakter:
In Wolfratshausen, 577 m, beginnt die Tour flussaufwärts durch das Loisachtal. Bei Achmühle nehmen wir den steilen Anstieg auf den Höhenrücken, auf 713 m nach Berg, hinüber an das Ufer des Starnberger Sees. Hier geht es fast eben weiter nach Allmannshausen. Auf dem Weg zurück nach Wolfratshausen müssen wir noch einmal den Höhenrücken hinauf und steil hinunter ins Loisachtal.
Eine Tour die Kondition erfordert, um die Anstiege auf den Höhenrücken zwischen Loisachtal und Starnberger See zu schaffen.

S-Bahnhof Wolfratshausen

Auf der Bahnhofstr. vor dem S-Bahnhof fahren wir links vor zur Sauerlacher Str. und rechts zur Loisachbrücke. Nach der Brücke biegen wir links in die Barbezieuxstr. und radeln nun direkt am Ufer der Loisach entlang, unter der Bundesstraßenbrücke durch, bis zur Brücke am Bahnweg, die über die Loisach nach Gelting führt. Hier biegen wir rechts ab und radeln vor zur Staatsstraße. Gegenüber fahren wir in die Kreisstraße und radeln links bis nach Achmühle. In Achmühle stoßen wir auf die Staatsstraße und fahren auf ihr bis zur Degerndorfer Str. Wir biegen rechts ein und aufwärts geht es bis zum Ortsrand. Wir radeln links, dann rechts auf der Straße nach Degerndorf durch den Wald und über die Autobahn und kommen nach Bolzwang.

7,9
Degerndorf

Geradeaus stoßen wir in Degerndorf auf die Hohenbühlstr. Hier links, an der Kirche vorbei, jetzt in der Dorfstr. bis zur Straße „Am Weiher". Hier rechts, nach dem Weiher links, erreichen wir Berg. Am Friedhof nehmen wir rechts die Happerger Str. nach Happerg. Weiter bergauf, halten wir uns links zur Schallenkamer Str. und radeln an der Kapelle Schallenkam vorbei halblinks durch den Eurasburger Wald Richtung Starnberger See und Ambach.

14,6
Ambach

Vor der Staatsstraße radeln wir rechts, dann links hinüber in die Seeuferstr. nach Ambach.

19,0
Ammerland

Am Ufer radeln wir weiter nach Ammerland.

Gasthäuser
Berg:
Landgasthof Berg, Schmiedberg 2
Ambach:
Gasthof Zum Fischmeister, Seeuferstr. 31
Landhotel Huber, Holzbergstr. 7
Ammerland:
Gasthaus Gerer, Ammerlander Hauptstr. 22
Höhenrain:
Alter Wirt, Wolfratshauser Str. 7
Wolfratshausen:
Gasthaus Zum Grünen Baum,
Äußere Münchner Str. 6
Café Abend Blatt, Johannisbrücke
Gasthof Löwenbräu, Untermarkt 8

Sehenswertes
Der Starnberger See
Einstige Herrscher und viele Künstler wussten bereits die Schönheit dieser besonderen Landschaft zu schätzen. „Sisi", die Kaiserin von Österreich, deren Sommerresidenz 24 Jahre lang das heutige Hotel „Kaiserin Elisabeth" in Feldafing war, traf sich häufig am Starnberger See mit dem als „Märchenkönig" bekannten Ludwig II. Den Treffpunkt, die Roseninsel vor Feldafing, kann man mit der Plette, einem Holzboot, besuchen. Ludwig II. hielt sich im Sommer in Schloß Berg auf. An den tragischen Tod des Königs im Jahre 1886 erinnern die Votivkapelle und das Gedenkkreuz im Starnberger See.

Die Kirche in Allmannshausen.

23,8 **Allmannshausen**

Von der Südl. Seestr. biegen wir links in die Nördl. Seestr. ein nach Allmannshausen. Hier biegen wir von der Assenbucher Str. rechts in die Seeburgstr. ab, bergauf nach Allmannshausen und radeln durch den Ort, vor zur Berger Str. Links radeln wir nach Assenhausen. In Assenhausen biegen wir rechts ab in die Straße „Am Kranzlberg" und wieder rechts in die Höhenrainer Str. Durch den Wald radeln wir weiter bergauf nach Höhenrain in die Sibichhauser Str. Wir bleiben auf ihr, halten uns rechts und stoßen auf die Münsinger Str. Links radeln wir in den Ort, queren die Ortsdurchfahrt und radeln gegenüber in der Attenhauser Str. über die Autobahn nach Attenhausen. An der Dorfstr. fahren wir rechts hinunter nach Dorfen und kommen an die Wolfratshauser Str. Es geht links, an der Kirche vorbei, zur B11. Vorsichtig radeln wir hinunter ins Loisachtal und biegen von der „Äußeren Münchner Str." links ab über die Loisach nach Wolfratshausen-Weidach. Gleich nach der Loisachbrücke rechts radeln wie am Ufer entlang zur Brücke an der Bahnhofstr. Nun links und nach wenigen Metern sind wir am S-Bahnhof.

29,1 **Höhenrain**

35,1 **S-Bahnhof Wolfratshausen**

Eine der wunderschönen
Fassaden in Wolfratshausen.

44 Das Kloster Schäftlarn. Ein Mittelpunkt

Icking - Farchach - Starnberg S-Bahnhof - Leutstetten - Oberdill - Buchenhain

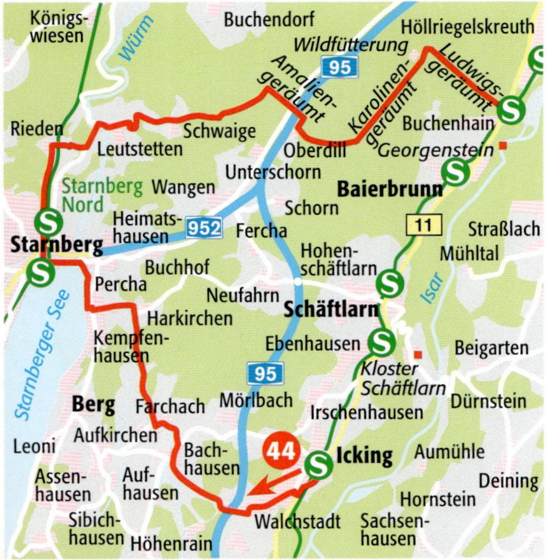

Länge: 30,8 km
Höhendifferenz: 116 m
Dauer: ca. 2,5 Stunden

Tourencharakter:
Von Icking, über dem Isartal gelegen, radeln wir über den Höhenzug bei Walchstadt, 699 m, hinunter an den Starnberger See auf 583 m. Entlang den Höhen des Würmtales, führt uns die Tour hinunter nach Leutstetten an die Würm, dann steil bergauf in den Forstenrieder Park. Durch den Forst geht es auf und ab nach Buchenhain.
Eine schöne, meist schattige Radtour, mit kräftigen Anstiegen bei Walchstadt und Leutstetten.

S-Bahnhof Icking

Wir beginnen die Radtour vor dem Bahnhof in der Straße „Am Bahnhof". Wir radeln rechts zur Mittenwalder Str. Richtung Wolfratshausen, unter der Bahnbrücke hindurch und weiter bis rechts die Straße „Kammerbreite" abzweigt. Hier rechts, dann gleich wieder links in die Walchstadter Str. aufwärts, am Gasthaus Walchstadter Höhe vorbei, bis zum Friedhof. Rechts biegen wir in den Kapellenweg ein, der steil bergab unter der Autobahn hindurch nach Bachhausen führt. Auf der Straße „Frauental" erreichen wir Bachhausen und halten uns rechts zur Dorfstr. nach Farchach.

6,3
Farchach

Am Kirchplatz in Farchach radeln wir rechts in die Kempfenhauser Str. Richtung Percha. Die Straße heißt bald Bachjäger Weg und führt uns an Harkirchen vorbei nach Manthal. Hier biegen wir links in die Manthalstr. ein, passieren das Sanatorium im „Milchberg" und erreichen die Münchner Str. Wir fahren kurz rechts und dann links gegenüber in den Pelletweg hinein. Wir stoßen auf den Uferweg, der uns rechts weiter nach Starnberg bringt. Vom Schiffbauerweg, kurz hinter der Brücke am Lüßbach, biegen wir links in den Nepomukweg ein,

12,6
Starnberg S-Bahnhof

fahren geradeaus unter der Bahnlinie hindurch, Richtung S-Bahnhof in die Ludwigstr. An der Kaiser-Wilhelm-Str. radeln wir rechts an der Kirche vorbei zur J.-Jägerhuber-Str. Halblinks weiter, heißt die

Gasthäuser
Icking-Walchstadt:
Restaurant Walchstadter Höhe, Walchstadter Str. 64
Berg-Manthal:
Waldgaststätte Manthal, Manthalstr.1
Leutstetten:
Schlossgaststätte, Altostr. 11
Buchenhain:
Restaurant Isarblick, Am Georgenstein 15
Kloster Schäftlarn:
Klosterbräu Stüberl

Sehenswertes
Kloster Schäftlarn
Das Kloster Schäftlarn gehört zu den bayerischen Urklöstern. Gegründet wurde es 762 als Benediktinerkloster. In den Wirren der Ungarnkriege im 10. Jahrhundert wurde es zerstört. Bischof Otto von Freising erneuerte es 1140 und übergab es den Prämonstratensern, die es bis zur Säkularisation 1803 führten. Ihnen ist auch der Klosterneubau des frühen 18. Jahrhunderts mit seiner hervorragenden Rokokokirche zu verdanken, an deren Bau und Ausstattung Künstler wie François Cuvilliés, Johann Michael Fischer, Johann Baptist Zimmermann und Baptist Straub beteiligt waren. Die Wiederbegründung als Benediktinerkloster erfolgte 1866 durch König Ludwig I. mit dem Auftrag, „dass die Ordensmitglieder sich der Seelsorge wie der Erziehung und Bildung der Jugend widmen sollen“. Seit 1968 bieten nun die „Schäftlarner Konzerte“ eindrucksvolle Musikabende mit renommierten Solisten und dem „Orchester der Schäftlarner Konzerte“ mit Musikern der großen Orchester Münchens.

Straße nun Leutstettener Str. Wir erreichen die Münchner Str., queren sie und radeln weiter in der Leutstettener Str. bis links hinter der Schule der Riedener Weg abzweigt. Wir biegen ein und fahren am Tenniszentrum und am Golfclub Rieden vorbei zum Bahnhof Mühlthal. Rechts durch die Brücke, radeln wir nun in

17,5
Leutstetten

der Mühlthalstr. zur Staatsstraße. Hier rechts abbiegen, in der Kurve links aufwärts nach Leutstetten. Die Altostr. führt uns Richtung Oberdill. Auf der Höhe halten wir uns links an „Schwaige“ vorbei in den Schwaigwald. Wir verlassen die Straße nach links in das Max-Joseph-

23,4
Oberdill

Geräumt, biegen rechts ab in das Amaliengeräumt und radeln durch die Autobahnbrücke nach Oberdill. An der Autobahnpolizei (Oberdill), nehmen wir links den Weg in den Wald und halten uns weiterhin links zum Karolinengeräumt, dem wir links zur Wildfütterungsstelle am

30,8
S-Bahnhof Buchenhain

Ludwigsgeräumt folgen. Hier biegen wir rechts ab und erreichen Buchenhain an der Wolfratshauser Str. gegenüber dem S-Bahnhof.
Wer noch einen Blick auf den Georgenstein im Isartal machen möchte, fährt unter der Bahnbrücke hindurch zum Parkplatz am Aussichtspunkt.

45 Entlang der Isar durch München

Großhesselohe - Tierpark Hellabrunn - Deutsches Museum - Maximilianeum - Oberföhring - Unterföhring

Länge: 18,5 km
Höhendifferenz: 88 m
Dauer: ca. 1,5 Stunden

Tourencharakter:
Vom S-Bahnhof Großhesselohe radeln wir 50 Meter hinunter ins Isartal und haben schon den schwierigsten Teil hinter uns. Am Isarufer entlang, radeln wir die Isar abwärts, durch München, am Tierpark und dem Maximilianeum vorbei, nach Unterföhring. Eine leichte Radtour entlang der renaturierten „Wilden" Isar, vorbei an vielen Sehenswürdigkeiten die München bietet.

S-Bahnhof Großhesselohe

Am S-Bahnhof Großhesselohe halten wir uns links zur Sollner Str. Schräg rechts gegenüber radeln wir in die Fritz-Gerlich-Str. Richtung Bahnhofplatz, links über die Bahnlinie zur Großhesseloher Str. und rechts hinunter ins Isartal. Unten halten wir uns links und radeln am Isarkanal entlang Richtung Hinterbrühl. Wir kommen zur Conwentzstr. und folgen ihr rechts bis zur Einmündung der Gerblstr. Hier biegen wir rechts ab zum Hinterbrühler Park, am Kraftwerk vorbei, hier rechts und radeln

4,4
Tierpark Hellabrunn

wieder rechts über die Marienklausenbrücke zum Tierpark Hellabrunn. Hinter der Brücke radeln wir links auf dem Schlichtweg, weiter entlang der Isar, zur Thalkirchner Brücke. Gegenüber setzen wir die Radtour fort, halten uns weiterhin auf dieser Seite der Isar. Unter der Brudermühlbrücke am Flaucher und unter der Bahnbrücke hindurch, kommen wir am Schyrenbad vorbei zur Wittelsbacher Brücke. Wir fahren geradeaus weiter über die Reichenbachbrücke zur Corneliusbrücke. Unter

8,7
Deutsches Museum

ihr hindurch, radeln wir parallel zur Zeppelinstr. am Deutschen Museum vorbei. Unter der Ludwigsbrücke hindurch radeln wir am Volksbad vorbei, halten uns

9,9
Maximilianeum

rechts zum Ufer und dann links durch die Maximiliansanlagen zum Maximilianeum. Unter der Brücke hindurch radeln wir zur Luitpoldbrücke am Friedensengel. Direkt am Ufer fahren wir auf der „Thomas-Mann-Allee"

Gasthäuser
Großhesselohe:
Waldwirtschaft, Georg-Kalb-Str. 3
M-Hinterbrühl:
Gasthof Hinterbrühl am See, Hinterbrühl 2
M-Obermenzing:
Wirtshaus im Grüntal, Grüntal 15
M-St.Emmeram:
St. Emmerams Mühle, St. Emmeram 41
Unterföhring:
Gasthof Zum Gockl, Münchner Str. 73

Sehenswertes
Maximiliansanlagen
Im Jahr 1857 erhielt Carl von Effner vom König den Auftrag, auf dem rechten Isarufer zwischen Haidhausen und Bogenhausen einen Fußweg mit begleitenden Pflanzungen herzustellen. Daraus entstand bis 1861 der seit 1897 als Maximiliansanlagen bezeichnete 30 ha große Park. Der steile Isarhang war bisher als Schafweide genutzt und stark erodiert. Effner modellierte das Gelände zu einer kunstvollen Parklandschaft, erschloss Hochfläche und Hang mit Wegen und legte Pflanzungen von Bäumen und Sträuchern an. Prinzregent Luitpold erteilte 1890 den Auftrag, im Zuge der Prinzregentenstraße eine Brücke zu bauen und die Straße nach Osten quer durch den Park weiter zu führen. Nach Plänen von Jakob Möhl, dem Amtsnachfolger Carl von Effners, und seines Mitarbeiters Wilhelm Zimmermann, entstanden bis 1893 die Terrassen mit Treppen und formalen Gartenanlagen sowie symmetrisch zwei U-förmige Rampen als Straßenverbindung. Oberhalb der Terrassenanlage, visuell für den Park von großer Bedeutung und oft als Wahrzeichen betrachtet, wurde 1896 bis 1899 der 38 Meter hohe „Friedensengel" errichtet.
Zur Erinnerung an die 25-jährige Friedenszeit nach 1871 steht über einer kleinen Halle, nach antikem Vorbild auf einer 23 Meter hohen Säule, die Friedensgöttin Nike in der Achse der Prinzregentenstraße.

14,4
Oberföhring

zur John-F.-Kennedy-Brücke und auf der „Heinrich-Mann- Allee" nach Oberföhring. Am Stauwehr biegen wir rechts ab in den Max-Halbe-Weg, dann links in die Mauerkirchner Str. Nach wenigen Metern biegen wir links ab über den Isarkanal in die „Mittlere Isar Str.". Zwischen Isar und Mittlere Isarkanal radeln wir an St. Emmeram vorbei und passieren die Brücke am Föhringer Ring. Auf Höhe der Ortslage Unterföhring radeln wir rechts über die Kanalbrücke zur Kanalstr. rechts nach Unterföhring hinauf. Wir queren die Münchner Str. und radeln gegenüber in der Bahnhofstr. zum S-Bahnhof.

18,5
S-Bahnhof Unterföhring

Das Maximilianeum ist der Sitz des Bayerischen Landtags.

S8

46 Im Hügelland der Amper bei den Rittern von Kaltenberg

Grafrath - Türkenfeld - Geltendorf - Hausen - Eismerszell - Moorenweis - Jesenwang - Grafrath

Länge: 28,8 km
Höhendifferenz: 63 m
Dauer: ca. 2 Stunden

Tourencharakter:
Wir verlassen Grafrath am Bahnhof in 568 m Höhe und radeln aus dem Ampertal ins Hügelland hinauf auf 615 m.
Über Geltendorf nach Moorenweis geht unsere Radtour ins Maisachtal hinunter auf 552 m.
Zurück nach Grafrath radeln wir durch den Fürstenfelder Wald.
Eine leichte, sonnige Radtour ohne nennenswerte Steigungen ins Hügelland am Ampertal.

S-Bahnhof Grafrath

Vom S-Bahnhof starten wir die Radtour nach links durch die Bahnhofstr. zur Bahnbrücke an der Moorenweiser Str. Gegenüber geht es in die Villenstr. Nord an der Bahnlinie entlang. Wir folgen der Villenstr. Nord rechts zur Straße „Johannishöhe". Hier halten wir uns links und radeln bis zur Bahnbrücke, vor der wir rechts abbiegen und an der Bahn entlang fahren. Wir stoßen auf die Jesenwanger Str. und radeln gegenüber weiter immer entlang der Bahnlinie. Der Weg macht einen Schlenker um ein Haus, danach biegen wir rechts ab, halten uns dann links am Wald entlang und radeln nach Türkenfeld, wo wir auf die Moorenweiser Str. stoßen. Gegenüber folgen wir der Graf-Lösch-Str. und fahren links in die Thünefeldstr. vor zur Weiherstr. Wir radeln rechts in der Weiherstr. um den Weiher herum und biegen wieder rechts ab in den Feldweg vor zur Geltendorfer Str. Hier radeln wir rechts durch den Wald bis nach Geltendorf hinein. Die Türkenfelder Str. führt uns zur Bahnhofstr. Wir folgen ihr nach rechts und fahren Richtung Landsberg, dann in der Landsberger Str. bis zur Straße „Untere Dorfstr.", die rechts abzweigt. Wir folgen ihr bis zur Hausener Str., biegen links ein und radeln nach Hausen. Wer möchte kann am Ortsanfang von Hausen links nach Kaltenberg, zu den Rittern, abbiegen. Wir fahren auf der Hauptstr. in den

6,5 **Türkenfeld**

11,6 **Geltendorf**

13,6 **Hausen**

Gasthäuser
Türkenfeld:
Gasthof Drexl, Zankenhausener Str. 2
Geltendorf:
Gasthof Alter Wirt, Moorenweiser Str. 5
Hausen:
Landgasthof Hief, St.-Nikolaus-Ring 2
Grafrath:
Gaststätte Dampfschiff, Graf-Rosso-Str. 40

Standesamt
in Türkenfeld.

Sehenswertes
Schloss Kaltenberg
Im Herzen von Bayern, 40 Kilometer westlich von München, liegt Schloss Kaltenberg, Residenz „Seiner Königlichen Hoheit, Luitpold Prinz von Bayern“ und eine der letzten echten Schlossbrauereien. 1979 erfüllte sich der Prinz einen königlichen Traum: Ritterspiele wollte er veranstalten, mit allem, was dazu gehört. Mit Lanzen, Schwertern, mit edlen Rössern und schimmernden Rüstungen, mit Fahnen und Fanfaren.

Das Tor zum Schloss Kaltenberg.

Ort und biegen an der Kapellenstr. rechts ab nach Eismerszell. In der Straße „Am Grabholz“ erreichen wir

16,7
Eismerszell

Eismerszell, biegen links in die St.-Georg-Str. ein und halten uns geradeaus. Nach dem Maisachweg biegen wir rechts ab, bleiben weiter in der St.-Georg-Str. und radeln nach Moorenweis in die Eismerszeller Str. Hier

18,4
Moorenweis

biegen wir links ab in die Ammerseestr., die dann in die Römerstr. übergeht. Wir bleiben auf der Römerstr., biegen aber nach dem Abzweig nach Steinbach rechts in die Pappelstr. ein. An der Kreuzung mit der Angerstr. radeln wir links nach Albertshofen. Nach der Kläranlage biegen wir rechts ab nach Albertshofen hinein und biegen von der Ortsdurchfahrt nach der Kurve rechts ab nach Jesenwang. Vor den ersten Häusern halten

23,7
Jesenwang

wir uns rechts und radeln an der Römertshofener Str. links in den Ort hinein und folgen ihr vor zur Landsberger Str. Hier kurz rechts, dann links in die Poststr. und weiter über die Grafrather Str. hinüber. An der Kapellenstr. biegen wir rechts ab und radeln durch den Fürstenfelder Wald nach Grafrath. Vor dem Botanischen Versuchsgarten biegen wir rechts ab, fahren an ihm vorbei und kommen in der Waldstr. direkt zum S-Bahnhof.

28,8
S-Bahnhof Grafrath

47 Vom Zisterzienserkloster durch die Auen des Ampertales

Fürstenfeldbruck - Schöngeising - Mauern - Grafrath - Jesenwang - Landsberied - Fürstenfeldbruck

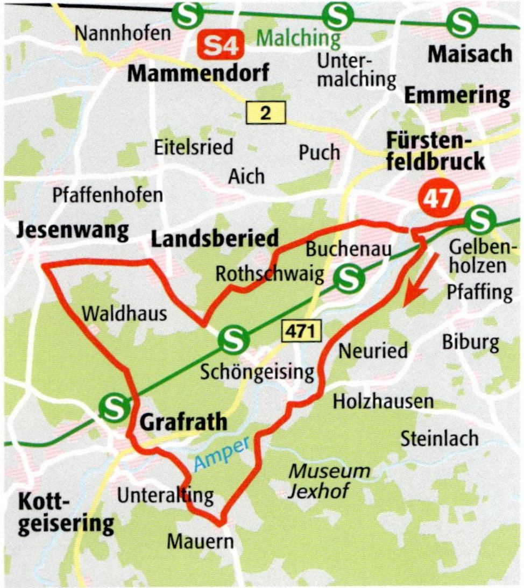

Länge: 30,5 km
Höhendifferenz: 64 m
Dauer: ca. 2,5 Stunden

Tourencharakter:
Die Radtour führt uns vom Bahnhof auf 528 m Höhe durch das Ampertal, dann hinauf nach Mauern auf 582 m. Hier wenden wir uns zum Ampertal nach Grafrath hinunter. Hinauf durch den Fürstenfelder Wald und bergab durch den Schöngeisinger Forst kehren wir nach Fürstenfeldbruck zurück.
Eine leichte Tour entlang der Amper und durch schattige Wälder.

S-Bahnhof Fürsten-feldbruck — Vor dem S-Bahnhof radeln wir in der Bahnhofstr. nach links bis zur Oskar-v.-Miller-Str. Hier biegen wir ebenfalls links ab, radeln vor zur Fürstenfelder Str. und halten uns geradeaus am Kloster vorbei. Nach der ersten Brücke über die Amper biegen wir links ab in die Klosterstr. und fahren auf ihr wieder über die Amper und dann rechts durch die Bahnbrücke zur Zellhofstr. Gleich nach der Bahnbrücke biegen wir rechts in die Zellhofstr. ein und radeln nun im Ampertal und am

7,1 **Schöngeising** — Zellhof vorbei Richtung Schöngeising. Wir stoßen auf die Holzhausener Str., biegen rechts ab und radeln bis zur Kreisstraße Mauern-Schöngeising. Hier fahren wir

10,6 **Mauern** — links , nach wenigen Metern wieder links nach Mauern. An der Kapelle in Mauern biegen wir rechts ab in die

14,1 **Grafrath** — Unteraltinger Str. nach Grafrath. Wir halten uns rechts auf der Kreisstraße, kommen an den Sportanlagen vorbei und überqueren die Amper auf der Mauerner Str. Gleich hinter der Brücke links, radeln wir die Hauptstr. entlang bis zur Bahnhofstr., die uns rechts hinauf über die B471 Richtung S-Bahnhof führt. Vor der Kirche biegen wir nun rechts ab in die Jesenwanger Str. und fahren am Forstlichen Versuchsgarten vorbei durch die Bahnbrücke zum Botanischen Versuchsgarten. Wir radeln immer weiter geradeaus durch den Fürstenfelder

18,8 **Jesenwang** — Wald, am Waldhaus vorbei, Richtung Jesenwang. In der Kapellenstr. kommen wir nach Jesenwang hinein und biegen rechts ab in die Poststr., auf der wir den Ort nach Landsberied verlassen. In Landsberied stoßen wir auf die Hauptstr. und biegen rechts ab. Wir folgen der Hauptstr. bis zur Schlossbergstr., die links abzweigt. Wir biegen ab, queren die Bahnhofstr., bleiben in der Schlossbergstr. und folgen ihr nach rechts, dann links in den Wald hinein zum Schlossberg und Wasserturm. Wir radeln weiter durch den Schöngeisinger Forst, kommen an Rothschwaig vorbei und erreichen Fürstenfeldbruck im Landsberieder Steig an der B471. Über die Brücke hinweg radeln wir in der Rothschwaiger Str. nach Fürstenfeldbruck hinein, an der Kirche vorbei zur Schöngeisinger Str. Geradeaus weiter, über die Amperbrücke führt die Tour in der Fürstenfelder Str., am Kloster vorbei zur Oskar-v.-Miller-Str. Hier biegen wir rechts ab und bald wieder rechts in die Bahnhofstr., die uns zum S-Bahnhof führt.

21,5
Landsberied

30,5
S-Bahnhof Fürstenfeldbruck

Gasthäuser
Fürstenfeldbruck:
Klosterstüberl, Fürstenfeld 3
Schöngeising:
Gasthof Zur Post, Brucker Str. 6
Zum Unter'n Wirt, Kirchstr. 2
Grafrath:
Gasthof Alter Wirt, Mauerner Str. 4
Bürgerstadel, Mauerner Str. 16
Jesenwang:
Huberwirt, Landsberger Str. 1

Sehenswertes
Das Kloster Fürstenfeld
Die Gründung des Zisterzienserklosters geht auf eine Bluttat Herzogs Ludwig II. (Beiname „der Strenge") zurück. Dieser ließ am 18. Januar 1256 seine Gemahlin Maria von Brabant – entweder aus Eifersucht oder aus politischen Gründen – auf der Burg Werd bei Donauwörth enthaupten. Noch in der Tatnacht befiel ihn allerdings bitterste Reue und er führte anschließend eine Wallfahrt nach Rom zu Papst Alexander IV. durch, um die Absolution zu erlangen. Der Papst sprach ihn nicht von dieser Tat frei. Er stellte den Bayern-Herzog vor die Wahl, sich am Kreuzzug zu beteiligen oder ein Kartäuserkloster zu errichten. Ludwig hat letztere Buße erfüllt und im Jahre 1258 die Zisterziensermönche aus Aldersbach mit der Klostergründung betraut. Diese ließen sich im Eberhardsgarten bei Bruck „auf dem Felde des Fürsten" nieder und gründeten das Kloster Fürstenfeld.

48 Bruck, die Zollstätte an der Amper

Fürstenfeldbruck - Schöngeising - Mischenried - Gilching - Holzhausen - Gelbenholzen - Fürstenfeldbruck

Länge: 31,1 km
Höhendifferenz: 77 m
Dauer: ca. 2,5 Stunden

Tourencharakter:
Vom Bahnhof führt uns diese Radtour durch das Ampertal flussaufwärts nach Schöngeising und weiter hinauf über den Langen Berg in den Mischenrieder Wald auf 585 m Höhe. Wir wenden uns hinunter nach Gilching und über Holzhausen radeln wir bergauf und bergab zurück ins Ampertal, an den S-Bahnhof Fürstenfeldbruck auf 528 m Höhe.
Eine leichte, schattige Tour auf dem Ammer-Amper-Radweg und den Höhen im Mischenrieder Wald.

S-Bahnhof Fürstenfeldbruck

Vor dem Bahnhof radeln wir in der Bahnhofstr. nach links bis zur Oskar-v.-Miller-Str. Hier biegen wir wieder links ab, radeln vor zur Fürstenfelder Str. und halten uns geradeaus am Kloster vorbei. Nach der ersten Brücke über die Amper biegen wir links ab in die Klosterstr. und fahren auf ihr wieder über die Amper und dann rechts durch die Bahnbrücke zur Zellhofstr. Gleich nach der Bahnbrücke biegen wir rechts in die

7,1 **Schöngeising**

Zellhofstr. ein und radeln nun im Ampertal und am Zellhof vorbei Richtung Schöngeising. Wir stoßen auf die Holzhausener Str., biegen rechts ab und radeln bis zur Kreisstraße Mauern-Schöngeising. Hier biegen wir links ab, nach wenigen Metern wieder links und fahren auf der Straße bis der Abzweig zum Bauernhofmuseum Jexhof erreicht ist. Links in den Wald hinein und weiter bergauf, radeln wir am Jexhof vorbei und folgen dem Weg immer geradeaus, bis an die Autobahnbrücke und der Straße nach Gilching. Wir fahren unter der Autobahnbrücke hindurch, ein Stück geradeaus, dann halblinks in den Wald auf den Weg Richtung Weßling. Kurz

14,6 **Mischenried**

vor Mischenried, am Waldrand, biegen wir links ab und stoßen wieder auf die Straße nach Gilching. Wir folgen

19,2 **Gilching**

ihr nach rechts, erneut unter der Autobahn hindurch und jetzt geradeaus in die Weßlinger Str. nach Gilching. Erst am Winkelhof, dann am Sportzentrum vorbei,

Gasthäuser
Schöngeising:
Gasthof Zur Post, Brucker Str. 6
Zum Unter'n Wirt, Kirchstr. 2
Gilching:
Gasthof Schützenhaus, Talhofstr. 22
Fürstenfeldbruck:
Klosterstüberl, Fürstenfeld 3

Sehenswertes
Fürstenfeldbruck
Nicht alles hängt im mittelalterlichen Bruck mit dem Kloster Fürstenfeld zusammen.
Der Ursprung des Ortes geht zurück auf den Brückenort „Bruck", eine Zollstätte die Mitte des 12. Jahrhunderts an der von München nach Landsberg und Augsburg führenden Salzstraße bestand.
Mitte des 13. Jahrhunderts kam der Markt Bruck in die Hände der Herren von Gegenpoint. Mit der Säkularisation wurde der Markt Bruck frei von der Bindung an das Kloster.
Seit 1908 ist der Doppelname „Fürstenfeldbruck" amtliche Ortsbezeichnung.

Auf dem Weg nach Holzhausen.

Die Hauptstraße in Fürstenfeldbruck.

radeln wir bis zur Kreuzung mit der Römerstr. Hier biegen wir links ab Richtung Biburg und radeln am Abzweig nach Steinlach links, durch Steinlach hindurch und weiter nach Holzhausen. Der Weg führt uns erst

24,6 **Holzhausen**

um Holzhausen herum auf die Straße nach Schöngeising. Wir biegen rechts ab und radeln durch Holzhausen hindurch bis nach Neuried. Bei Neuried biegen wir von der Straße nach links ab und fahren am Waldrand entlang auf dem Weg Richtung Fürstenfeldbruck. Nach kurzer Fahrt heißt der Weg Holzhausener Str. An

28,8 **Gelbenholzen**

der Straße nach Biburg halten wir uns rechts hinauf nach Gelbenholzen hinein und radeln kurz weiter nach Pfaffing. Vor der Kirche biegen wir links in die Pfaffinger

31,1 **S-Bahnhof Fürstenfeldbruck**

Str. ein und radeln an den Teichen vorbei vor zur B2 an der Bahnbrücke. Links durch die Brücke und wieder links in die Bahnhofstr. und wir sind zurück am S-Bahnhof Fürstenfeldbruck.

49 An der Wiege der Bayerischen Landvermessung

Unterföhring - Ismaning - Fischerhäuser - Vorderes Finsingermoos - Aschheim - Johanneskirchen - Unterföhring

Länge: 38,2 km
Höhendifferenz: 36 m
Dauer: ca. 3 Stunden

Tourencharakter:
Vom Bahnhof, auf 511 m, geht es steil hinab ins Isartal. Weiter flussabwärts bis Fischerhäuser, erreichen wir 475 m. Nun geht es aufwärts bis zum Speichersee und fast eben, am Abfanggraben entlang, zurück nach Unterföhring.
Eine leichte Tour durch die schattigen Isarauen und über offenes Gelände am Speichersee im flachen Erdinger Moos.

S-Bahnhof Unterföhring

Vor dem S-Bahnhof beginnen wir die Radtour nach rechts und gleich wieder links in die Bahnhofstr.
Am Rathaus vorbei, über die Münchner Str., radeln wir in die Kanalstr. zur Isar hinunter. Der Steg über den Isarkanal führt uns auf den Damm zwischen Isar und Isarkanal zum „Isar-Radweg". Die Isar abwärts,halten wir uns am Isarufer entlang, am Unterföhringer See vorbei und erreichen Ismaning. Wir fahren weiter durch das Isartal unter der B471 hindurch, bis auf die Höhe von Fischerhäuser. Hier zweigt rechts das Sulz-Geräumt vom „Isar-Radweg" ab. Den Weg fahren wir hinauf zur Freisinger Str. und radeln an ihr entlang bis zur Wiesstr. In diese biegen wir ein, fahren über die S-Bahn und die Bundesstraße Richtung „Hinteres Finsingermoos". Wir bleiben auf der kleinen Straße die an der Moosstr. einen Knick nach links, bald nach rechts macht, bis zur Senderstr. Hier rechts abbiegen, an der Sendeanlage des Bayerischen Rundfunks vorbei, bis zum T-Stück, der Mayerbachstr., an dem wir scharf links fahren. Nach wenigen Metern an der Landshamer Str. vorbei wieder links, dann rechts bis zum Birkhahnweg und einbiegen.

6
Ismaning
11
Fischerhäuser

19
Vorderes Finsingermoos

Nun kommen wir am Reitclub Eicherloh in „Vorderes Finsingermoos" vorbei, fahren über die Vordere Moos-str. geradeaus zur Straße „An der Dorfen". Hier kurz rechts, dann gleich links und um das BMW-Versuchs-

Gasthäuser
Fischerhäuser:
Gasthof Erber, Freisinger Str. 83
Finsingermoos:
Finsinger Alm. Almweg 38
M-Johanneskirchen:
Brauhaus Zur Dicken Sophie,
Johanneskirchner Str. 146
Unterföhring:
Gasthof Zum Gockl, Münchner Str. 73

Sehenswertes
Die Basispyramide
Wenig bekannt ist wohl, dass in Unterföhring die Bayerische Landvermessung begann. Nördlich der Abzweigung der Kreisstraße M 3 vom Föhringer Ring steht auf einem kleinen Hügel eine ca. 5 m hohe Steinpyramide.
Etwa im Jahr 1550 beauftragte Herzog Albrecht V. den Landvermesser Philip Apian, Bayern zu vermessen.
Die 1568 erschienene Karte basierte auf einer Dreiecksvermessung und blieb das amtliche Kartenwerk bis ins 19. Jahrhundert. Napoleon I. wollte aber eine genauere Karte und beauftragte im Jahr 1800 den bayerischen Kurfürsten Max IV. Joseph damit. Wegen der flachen Landschaft des Erdinger Mooses legte man eine sogenannte Basislinie von Unterföhring bis nach Aufhausen. Sie bestand aus waagrechten Meßlatten, die auf kleinen Stützen über Stock und Stein gingen. Die Länge war 21 km 653 m und 21 cm. Nachmessungen mit modernen Geräten ergaben, dass die Messungenauigkeit damals nur bei rund 10 cm lag!

gelände herum über den Speichersee. Vorbei an den Fischteichen nehmen wir den Abzweig rechts zur Erlmühle., fahren um sie rechts herum und entlang den Fischteichen. An den Häusern stoßen wir links auf die Flurstr., auf der wir nun bis zum Abfanggraben fahren. Vor dem Abfanggraben nehmen wir den Weg rechts und fahren nun immer am Abfanggraben entlang,

30
Aschheim

unter der Autobahnbrücke hindurch, bis zur B471 bei Aschheim. Geradeaus hinüber, fahren wir auf der Fasanenallee, bis rechts die Straße „Im Moosgrund" abzweigt. Wir folgen ihr und halten uns links, am Mühl-

35
Johannes-kirchen

graben entlang bis zur Apenrader Str., die uns links nach Johanneskirchen hineinbringt. An der Aaröstr. biegen wir rechts ein und fahren geradeaus bis zur Kirche an der Gleißenbachstr. Wir biegen ein, verlassen Johanneskirchen und stoßen auf den Etzweg, in den wir links einbiegen und zur Kreisstraße vorfahren.

38,2
S-Bahnhof Unterföhring

Durch die Brücke folgen wir dem Etzweg am Gewerbegebiet entlang bis zur Medienallee. Links, an den Studios vorbei, erreichen wir den S-Bahnhof.

50 Zwischen Flughafen und Speichersee

Ismaning - Isar - Hallbergmoos - Gut Zengermoos - Vorderes Finsingermoos - Ismaning

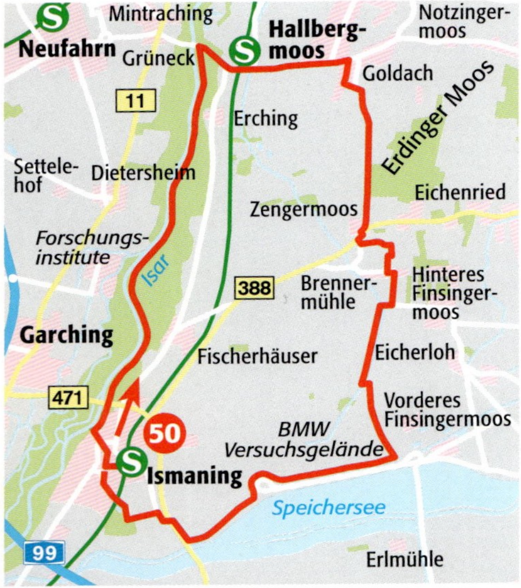

Länge: 36,8 km
Höhendifferenz: 36 m
Dauer: ca. 2,5 Stunden

Tourencharakter:
Vom Bahnhof Ismaning, 490 m, geht es hinunter zur Isar. Weiter flussabwärts erreichen wir an der Straße nach Hallbergmoos den tiefsten Punkt der Radtour mit 461 m. Über das Erdinger Moos zum Speichersee und nach Ismaning zurück fahren wir stetig leicht bergauf.
Eine leichte Tour durch die schattigen Isarauen und über das offene und ebene Erdinger Moos.

S-Bahnhof Ismaning	Vom Bahnhofplatz aus fahren wir nach links zur Bahnhofstr. Ihr folgen wir zur Hauptstr. in die wir rechts einbiegen. Die Hauptstr. wird zur Schlossstr. Wir queren die Münchener Str. und fahren weiter in der Schlossstr.,
2 **Isar**	die zur Garchinger Str. wird. Abwärts fahren wir auf die Isar zu und biegen dann rechts ab auf den „Isar-Radweg“. Ein Stück weit heißt der Weg „An der Fähre“. Unter der Bundesstraße hindurch radeln wir entlang der Isar immer flussabwärts bis zur Straße Grüneck-
15 **Hallbergmoos-Goldach**	Hallbergmoos. Hier fahren wir rechts zur Straße hinauf und Richtung S-Bahnhof Hallbergmoos. Wir bleiben auf der Straße und fahren nach Hallbergmoos-Goldach hinein bis zur Brücke an der Goldach. Rechts nehmen
19 **Gut Zengermoos**	wir die zweite Straße „Am Bach“ die in die Schönstr. übergeht. Am Denkmal stoßen wir auf die Zengerstr. Hier fahren wir rechts, Richtung Gut Zengermoos, am Naturschutzgebiet Zengerwald vorbei. In Zengermoos, auf der Goldacher Str., stoßen wir auf die B388 der Münchner Str. Gegenüber rechts versetzt, fahren wir auf der Straße „Freieneck“ zur Brennermühlstr. links an der Mühle vorbei und biegen rechts ab in die Ismaninger Str. nach „Hinteres Finsingermoos“. Am T-Stück rechts, die zweite Straße links und wir fahren auf der Senderstr. an der Sendeanlage des Bayerischen Rundfunks vorbei. Am Ende der Straße, an der Mayerbachstr., fahren wir

Gasthäuser
Goldach:
Restaurant Alter Wirt, Hauptstr. 66
Gut Zengermoos:
Franzheimer, Franzheimer Ring 1
Finsingermoos:
Finsinger Alm, Almweg 38
Ismaning:
Gasthof Neuwirt, Schlossstr. 7
Malandra Osteria, Schlossstr. 17

Sehenswertes
Flughafen München
Nach dem 1. Weltkrieg wird der ehemalige Exerzierplatz Oberwiesenfeld zum Flughafen ausgebaut. Ab 1936 wird mit dem Bau eines neuen Flughafens in München-Riem begonnen. Der Flugverkehr wird am 25. Oktober 1939 mit einem stark eingeschränkten Flugplan aufgenommen. Ab 1955 entwickelt sich der Flughafen zu dem heute bedeutsamen Drehkreuz im Süden Deutschlands. In den sechziger Jahren wird entschieden, einen neuen Flughafen im Nordosten von München am Standort Erding-Nord/Freising zu errichten. Mit zwei 4000 Meter langen Start- und Landebahnen ist er der modernste deutsche Flughafen. Am 17. Mai 1992 wurde der Flughafen eröffnet. 1997 waren bereits rund 18 Millionen Fluggäste und 2001 fast 24 Millionen Fluggäste abgefertigt. 2003 wurde das zweite Terminal in Betrieb genommen.

Entlang der Isar auf dem „Isar Radweg“ bei Ismaning.

Die Staustufe am Speichersee.

links, passieren rechts die Landshamer Str. und fahren weiter bis zum Birkhahnweg. Hier rechts einbiegen und nach „Vorderes Finsingermoos“ bis zum Reitclub Eicherloh weiterfahren. Geradeaus über die Vordere Moosstr., am Golfplatz vorbei, stoßen wir auf die Straße „An der Dorfen“. Hier biegen wir rechts ein, fahren am BMW-Versuchsgelände entlang und kommen an den Speichersee. Nun fahren wir am Ufer des Speichersees entlang, am Kraftwerk vorbei, vor zur Bundesstraße, der wir ein paar Meter folgen, bis es über die B471 in der Aschheimer Str. nach Ismaning geht. Erst ein Stück geradeaus, dann links in die Dorfstr., auf das Waldstück „Schinderdaxet“ zuhalten, hier links und am Eisweiher vorbei, fahren wir in die Ortsmitte. Wir stoßen auf die Bahnhofstr. Hier rechts, vorbei an der Kirche, fahren wir direkt auf den S-Bahnhof zu.

27
Vorderes Finsingermoos

36,8
S-Bahnhof Ismaning

Ortsregister

Notizen

Das Müncher Schnellbahnnetz

Mit dem MVV kommen Sie entspannt zum Start der Touren und danach sicher wieder nach Hause.

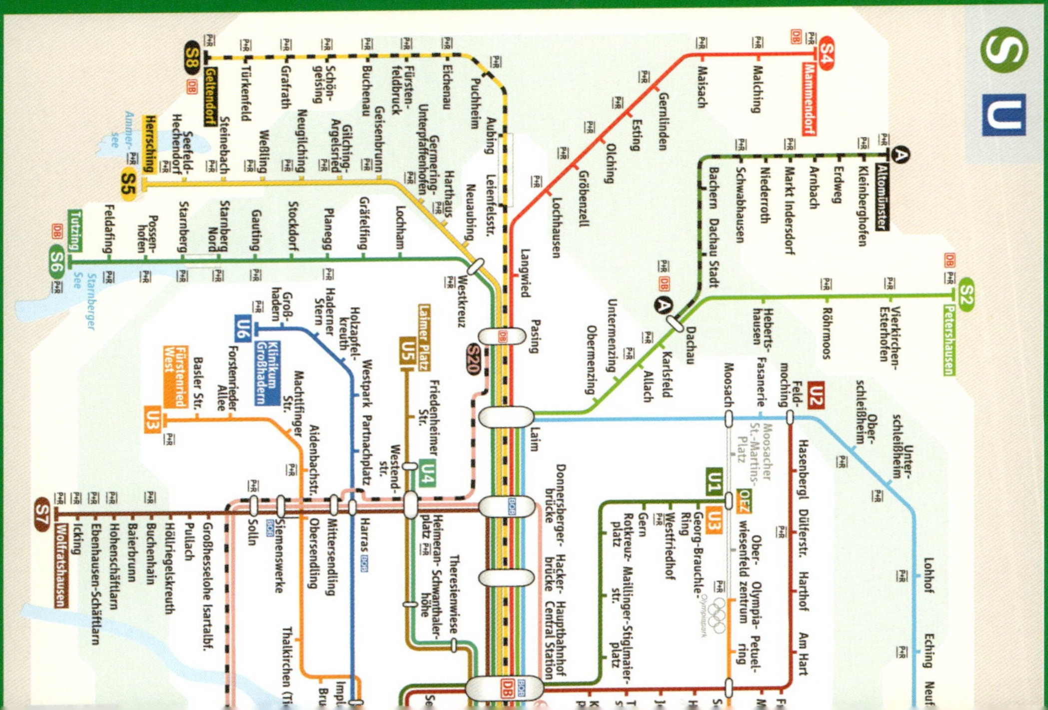

MVG
S Bahn München DB
Partner im MVV
S1 Freising
Pulling
S1 S8 Flughafen München Munich Airport
Flughafen Besucherpark
U6 Garching-Forschungszentrum
Garching
Garching-Hochbrück
Fröttmaning
Kieferngarten
Freimann
Studentenstadt
Alte Heide
Nordfriedhof
Dietlindenstr.
Münchner Freiheit
Giselastr.
Universität
Odeonsplatz
Chinesischer Turm
Hallbergmoos
Ismaning
Unterföhring
Johanneskirchen
Englschalking
Daglfing
Arabellapark U4
Richard-Strauss-Str.
Böhmerwaldplatz
Prinzregentenplatz
Lehel
Max-Weber-Pl.
S2 Erding
Altenerding
Aufhausen
St. Koloman
Ottenhofen
Markt Schwaben
Poing
Grub
Heimstetten
Feldkirchen
Riem
Messestadt-West
U2 Messestadt-Ost
Moosfeld
Berg am Laim
S1 S7 Ostbahnhof
Karlsplatz (Stachus)
Marienplatz City Center
Isartor
Rosenheimer Platz
Rathaus
Deutsches Museum
Leuchtenberg-ring
Trudering
Kreillerstr.
Josephsburg
Gronsdorf
Haar
Vaterstetten
Baldham
Zorneding
Eglharting
Kirchseeon
Grafing Bahnhof
Grafing Stadt
S4 Ebersberg
Fraunhoferstr.
Kolumbusplatz
Silberhorn-str.
Untersberg-str.
St.-Martin-Str.
Karl-Preis-Platz
Giesing
Innsbrucker Ring
Michaelibad
Quiddestraße
Neuperlach Zentrum
Therese-Giehse-Allee
Neuperlach Süd
U5
Goetheplatz
Poccistr.
Isar
Candidplatz
Wettersteinplatz
St.-Quirin-Platz
U1 Mangfallplatz
Perlach
Neubiberg
Ottobrunn
Hohenbrunn
Wächterhof
Höhenkirchen-Siegertsbrunn
Dürrnhaar
Aying
Peiß
Großhelfendorf
S6 Kreuzstraße
Fasangarten
Fasanenpark
Unterhaching
Taufkirchen
Furth
S27
S20
Deisenhofen
Sauerlach
Otterfing
S5 Holzkirchen
Innenraum
Außenraum
Tarifzonen
© MVV/Stand: Dezember 2006

Notizen

KOMPASS
Der große
Naturführer
395 Farbfotos und 11 Illustrationen
Mit präzisen Beschreibungen